Claudia Schlembach

Kundenorientiert und erfolgreich verkaufen

Training zur Verkaufspraxis

D1732544

Cornelsen

Das vorliegende Werk ist eine überarbeitete und erweiterte Ausgabe
des Titels „Verkaufen" aus der Reihe Pocket Business Training,
Cornelsen Verlag Scriptor.

Verlagsredaktion:
Christine Schlagmann / Annette Preuß
Layout und technische Umsetzung:
Verena Hinze, Essen
Umschlaggestaltung:
Gabriele Matzenauer, Berlin
Titelfoto:
Radius Images © getty-images

Informationen über Cornelsen Fachbücher und Zusatzangebote:
www.cornelsen.de/berufskompetenz

1. Auflage

© 2012 Cornelsen Verlag, Berlin

Druck:
H. Heenemann, Berlin

ISBN 978-3-06-450721-0

 Inhalt gedruckt auf säurefreiem Papier aus nachhaltiger Forstwirtschaft.

Inhalt

Einleitung **7**

Verkaufen – was bedeutet das für Sie? 7

1 Verkaufspsychologie I:
Verkaufen braucht Vertrauen **11**

1.1 Vertrauen braucht Kommunikation 11
1.2 Fachwissen 14
1.3 Sachwissen 16
1.4 Persönliche Kompetenz 16

2 Verkaufspsychologie II:
Erfolgsfaktor Persönlichkeit **18**

2.1 Persönliche Kompetenz ist Einstellungssache 18
2.2 Vertrauen, Trauen, Zutrauen 18
2.3 Das äußere Erscheinungsbild 22
2.4 Identifikation mit der Verkäuferrolle 24
2.5 Test: Wann sind Sie vertrauenswürdig? 26

3 Verkaufspsychologie III:
Gesichtskontrolle **29**

3.1 Verkäufergesichtskontrolle 29
3.2 „Gesichtskontrolle" für Kunden – Kundentypen 32
3.3 Gesichtskontrolle für schwarze Schafe 37

4 Verkaufsmethoden **41**

4.1 Führen statt plaudern 41
4.2 Wie übernehme ich die Gesprächsführung? 42
4.3 Gesprächsführung durch gezielte Fragen 43
4.4 Zauberformulierungen 46
4.5 Was tun bei Irritationen und negativen Entwicklungen? . . 48
4.6 Mit klaren Formulierungen zum Verkaufserfolg 51

5 Verkaufstechnik I: Mentale Vorbereitung 55

5.1 Luft holen und die richtige Haltung einnehmen 55
5.2 Zielorientierte Aufmerksamkeit –
das A und O im Kundenkontakt 57
5.3 Vorabinformationen sammeln und parat haben 58

6 Verkaufstechnik II: Kontaktphase 62

6.1 Der erste Eindruck 62
6.2 Anknüpfungspunkte für den Gesprächseinstieg finden ... 63
6.3 Individuelle und packende Kundenansprache 65

7 Verkaufstechnik III: Frage- und Argumentationsphase 69

7.1 Durch Fragen die Gesprächsführung einleiten 69
7.2 Spurensuche durch Fragen:
Schlummernde Bedürfnisse wecken 73
7.3 Beratung: Argumentieren, überzeugen, gewinnen 75
7.4 Erlebniswelten: Die Argumente richtig verpacken 81

8 Verkaufstechnik IV: Abschluss und Nachbereitung 84

8.1 Abschlussfragen und -verhalten. 85
8.2 Die Preisverhandlung 87
8.3 Kognitiver Dissonanzabbau:
Kaufreue vorbeugen und Kunden binden 91
8.4 Nachbereitung 93

9 Verkaufspraxis 98

9.1 Gegen Wände rennen: Kaufsignal Einwand 98
9.2 Fehler sind menschlich: Reklamationsbearbeitung 101
9.3 Alternativverkauf 107
9.4 Zusatzverkauf 110

10 Verkaufsbedingungen 112

10.1 Das Telefon. 112
10.2 Die Dienstleistungsmaschine 117
10.3 Reklamationen am Telefon – eine Chance
       für die Kundengewinnung 126
10.4 Die schriftliche Kommunikation. 129
10.5 Verständlichkeit – Der Schlüssel zum Erfolg 134
10.6 Die individuelle, emotionale Ebene 136

Schlusswort 142

Die Autorin 145
Literaturhinweise 146
Stichwortverzeichnis 147

Einleitung

Verkaufen – was bedeutet das für Sie?

Ja, Sie haben einen guten Griff getan. Auf jeden Fall dann, wenn Sie mit Verkauf zu tun haben – und das haben Sie in ganz vielen unterschiedlichen Situationen des Alltags, im beruflichen und privaten Leben ständig. Sie verkaufen Produkte, Dienstleistungen, Wünsche und Ideen.

Sie haben zu diesem Buch gegriffen, weil Sie manchmal merken, dass es gut wäre, wenn Sie ein paar Techniken an der Hand hätten, mit denen es noch besser gelingt, Ihre Ideen an den Mann oder die Frau zu bringen. Was richtig gut ist: Sie haben das Buch in der Hand, obwohl (oder weil) „Verkaufen" in unserem Kulturkreis nicht wirklich positiv besetzt ist.

Das wollen wir hier von einer ganz anderen Seite betrachten. Was wir Ihnen „verkaufen" wollen, ist, dass Verkaufen ein Wesenselement des Zusammenlebens ist. Und dass es wichtig ist, diese Position reflektiert anzugehen, die „Abzockermethoden" zu durchschauen und den Austausch von Bedarf, Nutzen und Befriedigung zu sehen. Eine Win-win-Situation aufzubauen, die nachhaltig ist und das Image des Verkaufens ebenso nachhaltig verändern wird.

„Ach, Sie sind Verkäufer?" In Deutschland ist das – im Gegensatz zu den meisten anderen Ländern – nicht wirklich ein Kompliment. Sehr schnell tauchen im Kopf skurrile Bilder auf, die alles andere als gute Gefühle mit sich bringen. Bilder wie: „Der verkauft sogar seine Großmutter." Oder: „Trau dem nicht, der verkauft noch in Alaska Kühlschränke."

Verkauf wird in Deutschland zu Unrecht geknebelt! Das tut uns allen, das tut jedem Einzelnen und der wirtschaftlichen Entwicklung gar nicht gut. Betriebswirtschaftlich gesprochen: Absatz ist eine normale und wichtige Funktion, ohne die kein Betrieb überleben kann. In den USA z.B. ist ein guter Verkäufer fast durchweg eine angesehene Person. Einer, der es geschafft hat, den Kunden in Alaska zu gewinnen und ihn davon zu überzeugen, dass der Kühlschrank das Fleisch so temperiert, dass es sich knusprig braten lässt.

Mittlerweile ist zumindest die Erkenntnis, dass gute Verkäufer gutes Geld verdienen, nach Deutschland durchgedrungen. Das ist so, weil Verkauf ein wirtschaftlicher Engpassfaktor ist. Den bildhaften Vergleich bietet der Flaschenhals: Der Inhalt der Flasche kann noch so gut sein – wenn nichts durch die schmale Öffnung geht, geht gar nichts.

DIE PRODUKTION AUS DER FLASCHE DURCH DEN FLASCHENHALS AUF DEN FREIEN MARKT ZU BRINGEN, DURCH ZIEHEN, PRESSEN, DRÜCKEN – DAS IST AUFGABE DES VERKÄUFERS.

Das ist aber nur die eine Seite, denn die Kunst des Verkaufens besteht auch darin, das aus dem Bauch der Flasche zu holen, was die Bedürfnisse des Kunden maximal befriedigt. Verkauf und Kundenbedürfnisse werden viel zu selten als Einheit betrachtet.

Diese Trennung hat Konsequenzen, die dieses Buch aufzeigen will und zu denen es natürlich auch Lösungsmöglichkeiten und Alternativen skizziert. Das beinhaltet die Ausweitung des Themas Verkauf. Verkauf ist mehr, als dem Kunden ein Produkt oder eine Dienstleistung anzudienen. Verkauf ist eine komplexe Beziehung zwischen Kunde und Verkäufer. Eine Beziehung, die allen Beteiligten nützt und in der sich alle gut fühlen.

Diese Beziehung zum Kunden steht auch in diesem Buch im Vordergrund. Genauer untersucht werden das Wie und das Was, mit denen Kunden mit ins Boot des Verkaufs geholt werden. Gleichzeitig geht es um die Persönlichkeit des Verkäufers. Imagepflege, Steigerung des Selbstbewusstseins der Verkäuferinnen und Verkäufer – das hat hohe Priorität.

Im privaten Bereich haben wir weniger Skrupel, unser verkäuferisches Talent nach außen zu bringen. Wir machen unseren Eltern, Kindern, unserem Partner oder Freunden vielfach Dinge schmackhaft, wissen, wie wir sie packen können, um unsere Ziele zu erreichen. Sicher fallen Ihnen spontan Beispiele ein. Hinter dieser Art des Verkaufens liegen ähnliche psychologische Mechanismen wie beim professionellen Verkauf. Wir wollen unsere Interessen durchsetzen und unsere Wünsche verwirklichen. Aber wir wollen auch, dass der andere sich dabei gut fühlt und dass er auch einen Nutzen hat. Das ist zumindest die ganz normale Reaktion eines sozial orientierten Menschen. Das gewagte Fazit: Wir haben das „Verkaufs-Gen" sogar in die Wiege gelegt bekommen.

Verkauf ist nicht mehr und nicht weniger, als die eigenen Wünsche und die seines Gegenübers zu erfüllen – im Geschäftsleben sind das die Wünsche des Kunden. Das ist das Geheimnis des guten Verkaufens. Alle profitieren, alle sind zufrieden. Dies trifft natürlich nicht zu, wenn jemand „seine Großmutter verkauft" – das sind die schwarzen Schafe, die es zweifellos in jeder Branche gibt. Sie werden die gängigsten Tricks dieser Leute hier kennen lernen und erkennen, dass moralische Skrupel nicht in deren Repertoire gehören. Sie nutzen neueste wissenschaftliche Erkenntnisse, um den schnellen Deal zu machen. Sie sollten diese Methoden kennen, um die Bühne nicht solchen Leuten zu überlassen.

Deutschland braucht gute Verkäufer, denn sie sind vor allem eins: kundenorientiert. In einem Land, das oft als „Dienstleistungswüste" bezeichnet wird, tut dies besonders not. Für die Verkäufer, weit mehr noch für die Kunden.

VERKAUFEN BEINHALTET ALSO, DIE WÜNSCHE, VORSTELLUNGEN UND BEDÜRFNISSE DER KUNDEN ZU ERKENNEN UND ZU BEFRIEDIGEN.

Das sollte sich jeder arbeitende Mensch, der mindestens einmal pro Tag Kontakt zu Kunden hat, auf die Fahne schreiben. Verkauft er gut, hat er zufriedene Kunden, seien es Käufer, Klienten, Besucher, Wähler. Verkauf in diesem Sinne findet überall statt – in Nonprofiteinrichtungen mit sozialem oder kulturellem Anliegen, in der Politik, beim Geschäftsessen usw. Dies gilt auch für alle, die gar nicht direkt im Verkauf stehen, sondern z.B. in der Buchhaltung, in der Werkstatt oder am Empfang tätig sind: Überall dort, wo es Berührungspunkte zum Kunden gibt, geht es darum, den Kunden zufrieden zu stellen. Und damit um Verkauf.

Wie man gut verkauft, werden Sie in diesem Buch erfahren. Vielleicht hat diese kurze Einleitung anfängliche Skeptiker schon ein wenig überzeugt und Sie haben Ihre Bedenken bereits reduziert? Lesen Sie weiter! Es braucht nicht viel, um eine skeptische Einstellung zu ändern. Vielleicht genügt ein kleiner Impuls. Und dieses Buch wird versuchen, Ihnen möglichst viele Impulse dafür zu geben:

Es ist geschrieben für Leute mit Kundenkontakt. Zuallererst für diejenigen, die in den Geschäften stehen und direkten, persönlichen Kontakt mit den Kunden haben. Das können die Bäckerei, die Boutique, der Computerverkauf und die Bank sein.

Es ist geschrieben für Serviceangestellte und Monteure, die ihre Touren fahren und dort auf Kunden treffen.

Es wendet sich ebenso an Dienstleister aller Art und an Verwaltungsangestellte, die maximal telefonisch mit Kunden in Kontakt kommen.

Sie alle profitieren von einer positiven Perspektive auf das Thema Verkauf, einer Perspektive, in der der Mensch der Sache vorangestellt ist. Sie profitieren beruflich, weil Sie durch guten Kundenkontakt den Umsatz nach oben bringen, weil Sie durch eine gute Atmosphäre an der Telefonzentrale den Kunden erfreuen, weil Sie durch professionelle Gesprächsführung auch harte Nüsse knacken. Und Sie profitieren auch persönlich, weil Sie sich mit einer umfassenden Materie beschäftigen, zu der viele Leute viel zu sagen haben. Hier in diesem Reader sind diese Gedanken zusammengefasst auf vier Grundpositionen:

Die Verkaufspsychologie (Kap. 1 bis 3) beschäftigt sich mit ganz persönlichen Fragen, aber auch mit den unterschiedlichen Kundentypen und der Art und Weise, wie man den jeweiligen Typus „einfangen" kann.

Im Kapitel über Verkaufsmethoden (Kap. 4) geht es darum, wie Sie den Prozess des Verkaufens am besten verpacken und die Gesprächsführung übernehmen.

Im Rahmen der Verkaufstechnik (Kap. 5 bis 8) lernen Sie Ablauf und Kniffe eines erfolgreichen Verkaufsgesprächs kennen.

Kapitel 9 über die Verkaufspraxis präsentiert Ausschnitte aus dem „richtigen Verkaufsleben" und gibt Ihnen Tipps an die Hand, wie Sie am besten mit gängigen Situationen wie Einwänden oder Reklamationen umgehen.

Kapitel 10 zu den Verkaufsbedingungen zeigt Ihnen, wie Sie vor allem im B2B -Geschäft, an die relevanten Damen und Herren herankommen. Über Telefon, Briefkontakt und Mail. Wenn Sie diese Gatekeeper überwunden haben, können Sie Ihr komplettes Verkaufswissen dann an den Entscheidungsträgern testen.

Wie hört sich das für Sie an? Aufregend? Umfassend? Das kann alles sein, aber das macht das Leben des Verkäufers aus. Lassen Sie sich darauf ein? – Schön. ☺

1 Verkaufspsychologie I: Verkaufen braucht Vertrauen

1.1 Vertrauen braucht Kommunikation

Wann kaufen Sie jemandem „etwas ab"? Wieso entscheiden Sie sich für Produkt X und nur dafür? Vermutlich gibt es dafür viele Gründe: Das, was der Verkäufer sagt, überzeugt Sie. Das Produkt bietet, was Sie gesucht haben. Der Preis ist im Verhältnis zur Leistung angemessen. Sie haben gemerkt, dass der Verkäufer Sie verstanden hat, und fühlen sich gut beraten. Mit anderen Worten:

SIE HABEN WÄHREND DES GESPRÄCHS VERTRAUEN AUFGEBAUT. ZUR PERSON DES VERKÄUFERS UND ZUM PRODUKT.

Verkaufen braucht also Vertrauen. Und Vertrauen wiederum braucht Kommunikation, denn nur so lässt sich Vertrauen schaffen. Kommunikation ist ein komplexer Vorgang. Dem Kommunikationsexperten Paul Watzlawick zufolge kann man nicht nicht kommunizieren– jeder Mensch teilt sich permanent seiner Umwelt mit: durch sein Verhalten, seinen Augenaufschlag, seine Armhaltung, seine Kleidung, sein Wissen und natürlich durch Sprache.

Dem Verkäufer stellen sich angesichts dessen diese Fragen: Wie spreche ich mit meinem Kunden, wie gehe ich mit ihm um, wie überzeuge ich ihn? Wie gelingt es mir, die Distanz zu ihm so zu überwinden, dass er mir und dem Produkt bzw. der Dienstleistung vertraut?

Schauen wir uns das Kommunikationsmodell von Watzlawick näher an: Demnach besteht der Kommunikationsvorgang aus einem Sender und einem Empfänger. Der Sender schickt Signale in Richtung Empfänger – Informationen in Form von Sprache, Sprachmelodie, Körpersprache. Das kann glattlaufen. Der Sender sagt: „Die Ampel ist grün." Der Empfänger sagt: „Danke", und fährt los. Einfach so.

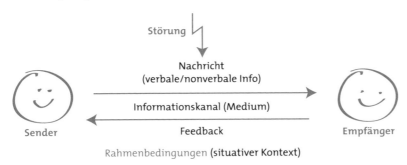

Sender-Empfänger-Modell

Aber wann läuft das schon so reibungslos? Ist es nicht oft so, dass der Fahrer (respektive Empfänger) grunzt: „Das hab ich doch längst gesehen. Musst du mich immer maßregeln?" Oder: „Mein Gott, ja, jetzt habe ich einmal nicht aufgepasst und du bist schon wieder genervt ..."

Wir erinnern: Der Sachinhalt der Aussage ist exakt der gleiche. Die Ampel ist grün. Aber die Reaktionen darauf sind so unterschiedlich wie die Menschen und die Beziehungen untereinander. Die Konsequenz dieser Unterschiede ist, dass Störungen auftreten zwischen Sender und Empfänger. Die Gründe dafür liegen auf zwei Ebenen: auf der Sach- bzw. Inhaltsebene und auf der Beziehungsebene. Als Verkäufer müssen wir daher beide Ebenen im Blick haben und pflegen.

Sachebene ist Fachwissen

Ist der Empfänger (bzw. Kunde) inhaltlich mit der Äußerung des Senders (bzw. Verkäufers) einverstanden und stimmt sein Wissen mit dem des Senders überein, dann ist er von dessen Argumenten überzeugt und es ist ein Grundstein für einen erfolgreichen Abschluss gelegt. Denkbar ist aber auch, dass der Empfänger bessere Alternativen hat und auf das Fachwissen des Konkurrenten baut.

Viele Verkäufer glauben, dass hier die Nagelprobe ihres Verkaufserfolges liegt. Fachwissen ist zweifellos wichtig, um zu verkaufen. Aber es reicht nicht aus. Denn Wissen betrifft ausschließlich die rationale, die Verstandesebene und berührt damit nicht die zweite, sehr entscheidende Ebene des Verkaufs: die Beziehungsebene.

Beziehungsebene ist Verkaufserfolg

Die Beziehungsebene betrifft das Emotionale des Verkaufs, die Beziehung zwischen Verkäufer und Kunde, zwischen Sender und Empfänger. Stimmt die Chemie, kommt der Verkäufer an den Kunden heran? Kann er ihn rühren, spricht er seine Gefühle positiv an?

Ist dies der Fall, hat der Verkäufer das Spiel so gut wie gewonnen, denn Kaufentscheidungen werden zu 80 Prozent emotional getroffen. Wenn man sich die Kaufentscheidung als Eisblock vorstellt, so ragt, bildhaft gesprochen, nur der Kopf des Kunden gut sichtbar hervor; die restlichen 80 Prozent, also die emotionalen Aspekte, liegen unter einer mehr oder weniger dicken Eisschicht, die es zu schmelzen gilt, um den Kunden zum Kauf zu bewegen. Diese Annahme lässt sich übrigens mit den Erkenntnissen Sigmund Freuds untermauern, der ebenfalls davon ausging, dass menschliches Handeln nur zu kleinen Teilen bewusst und damit rational begreifbar abläuft. Für uns Verkäufer heißt das:

→ *Praxis*tipp

Stellen Sie sich auf die Untiefen der menschlichen Kaufpsyche ein. Mit Wissen allein kratzen Sie nur an der mehr oder weniger eisigen Oberfläche.

Wir brauchen den „Stoff, aus dem Träume gemacht sind", damit das Eis zu schmelzen beginnt und wir den Verkauf unter Dach und Fach bringen.

Überlegen Sie, wie das bei Ihrem letzten Einkauf war:

→ Warum greift man zu Frolic, obwohl man eigentlich nicht beurteilen kann, ob es wirklich besser schmeckt als andere Hundenahrung?

→ Warum haben Sie sich für just diese Hose entschieden und nicht für eine andere? Liegt das wirklich nur daran, dass sie leichter zu waschen ist?

→ Warum motzen junge Männer ihre Autos auf? Um durch die verbesserte Aerodynamik Sprit zu sparen?

→ Warum färben Frauen ihre Haare blond? Wirklich nur, weil noch nicht absolut sicher ist, dass Wasserstoffperoxid Krebs auslöst?

All das macht deutlich: Vernunft ist gut, aber die mehr oder weniger verdeckten Wünsche und Bedürfnisse der Menschen im Auge zu behalten, das Eis aufzutauen, ist der Gradmesser für den erfolgreichen Erfolg. Dazu brauchen Sie kein Psychologe oder Polarforscher zu sein. Aber Sie sollten sich klarmachen, dass Verkaufen kein einfaches Handwerk ist und dass, wer es wirklich beherrschen will, eine ganze Menge an Know-how braucht.

Wer Emotionen wecken und Kundenwünsche befriedigen will, braucht über die so wichtige Menschenkenntnis und kommunikative Kompetenz hinausgehende Fähigkeiten – denn nur so wirkt man glaubhaft. Dabei geht es um ...

→ fachliche Kompetenz,

→ sachliche Kompetenz und

→ persönliche Kompetenz.

Wer sich das auf der Zunge zergehen lässt, darf sich ruhig ein paar Minuten Zeit nehmen und sich fragen, ob das mit dem herkömmlichen Image des Verkäufers überhaupt noch etwas zu tun hat. Ist er Schuhverkäufer oder Berater in Sachen „Wohlfühl-Silhouette"? Ist er Bäckereiverkäufer oder „Ernährungsberater"? Welchen Namen wir der Sache auch immer geben: Ohne das spezifische Fachwissen Ihres speziellen Bereiches können Sie keinen Erfolg erzielen.

> Beispiel
> Das Ehepaar M. bringt seine Espressomaschine zur Reparatur, weil sie aus allen Fugen stöhnt und ächzt. Die Adresse der Reparaturwerkstatt haben sie vom Hersteller, sodass Frau M. ihren Mann überzeugen kann, das gute Stück in das skurrile Café zu bringen, hinter dem sich vermutlich die Werkstatt verbirgt. Binnen kürzester Zeit erkennen beide: Dahinter steckt mehr als erwartet. Zwei Mitarbeiter nehmen sich der Sache an. Die Frau stellt zielsicher Fragen, während der Mann erste Schrauben dreht und versichert, das sei ein ganz besonderes Stück. Und plötzlich findet

> sich das Ehepaar in einer Diskussion über die optimale Espressotemperatur (genau 94,4 Grad), über die Körnung des Kaffees, den Tiger-Look des Espressos. Davon haben sie noch nie gehört. Beide spüren, dass sie und ihre Maschine gut aufgehoben sind – bei Fachleuten. Sie haben Vertrauen, kaufen ganz nebenbei eine Mühle und mucken nicht über die Reparaturkosten.

1.2 Fachwissen

Als Verkäufer sollten Sie Ihr Fach – im wahrsten Sinne des Wortes – beherrschen, denn Fachwissen ist die unabdingbare Voraussetzung für den Verkaufserfolg.

OHNE KENNTNIS DESSEN, WAS SIE VERKAUFEN, KÖNNEN SIE KEINEN EINWAND ENTKRÄFTEN, KEINE FRAGE ZUFRIEDEN STELLEND BEANTWORTEN UND VOR ALLEM NICHT ÜBERZEUGEN.

Mit Ihrem Fachwissen ziehen Sie immerhin 20 Prozent des Erfolgs auf Ihre Seite. Die fachlichen Inhalte können wir hier nicht vermitteln; sie sind abhängig vom Produkt oder der Dienstleistung, die Sie verkaufen, der Branche, in der Sie arbeiten, usw.

An Ihrer Produktkenntnis zeigt sich Ihr Wissen und Ihr wichtiger und notwendiger Vorsprung. Viele Firmen bieten Produktschulungen an. Nehmen Sie daran teil und nehmen Sie sie ernst. Dieses Wissen ist Ihr Verkaufsfundament. Die Mehrheit der Kunden hat von dem Produkt bzw. der Dienstleistung, die Sie verkaufen wollen, weniger Ahnung als Sie.

→ **Praxis**tipp

Ihr Vorsprung sollte erkennbar sein und es ist Ihr Job, diese Spanne zu erarbeiten und groß zu halten.

Kunden auf fachlich hohem Niveau sind selten. Eine Ausnahme ist der B2B-Kunde: Er ist vom Fach und redet fundiert mit. Aber auch hier sind Sie im Vorteil, wenn Sie mit Ihrem speziellen Produktwissen trumpfen.

Überlegen Sie selbst: Wie oft haben Sie in Ihrem Leben schon eine Matratze gekauft? Oder ein Haus gebaut? Oder einen Garten angelegt? Das machen Sie nicht so oft. Wo also soll die Erfahrung herkommen, woher sollen Sie wissen, wonach sich die Qualität der Matratze bemisst und welche Variante für Sie gut ist? Sie wenden sich vertrauensvoll an den Fachhandel und erwarten zu Recht gute Beratung. Die kann Ihnen nur jemand geben, der weiß, warum gerade Sie eine Federkernmatratze brauchen und keine Taschenfederkern-, Rosshaar- oder Schaumstoffmatratze und erst recht kein Wasserbett.

Dieses Fachwissen ist also durchaus eine Verpflichtung gegenüber dem Kunden. Ihr Wissensvorsprung versetzt Sie in die gute Lage, das „Richtige" für Ihren Kunden zu finden. Den Markt, den Sie kennen, für ihn transparent zu machen und die für ihn passende Vorauswahl zu treffen. Allein das ist ein so großer Nutzen, dass Sie sich mit ganz gutem Gewissen tief in den Kaufprozess hineinbegeben können. Und selbst wenn wir die Perspektive umdrehen: Wie oft haben Sie sich geärgert, wenn Sie bei einem echten Experten gekauft haben? Hat das Produkt versprochen, was es gehalten hat? Das tut es meist. Und im umgekehrten Fall kommt es doch sehr häufig vor, dass der Ärger über einen Blindkauf groß ist.

Ohne dieses Fachwissen ist es schwierig, teilweise unmöglich, gezielt zu verkaufen. Jeder Azubi freut sich daher zu Recht, wenn er sich endlich durch die Angebotspalette gearbeitet hat, über jedes Produkt fundiertes Wissen hat und im wahrsten Sinne des Wortes darüber reden kann.

Das Vertrackte daran ist, dass der Stolz über das Erlernte oft dazu führt, dass Verkäufer dem Kunden ihr gesamtes Fachwissen vor die Füße knallen.

> Beispiel
> Sie betreten das Matratzenfachgeschäft. Die nette Verkäuferin erklärt Ihnen bereitwillig und in aller Ausführlichkeit die Unterschiede der verfügbaren Modelle. Da sie keine schlechte Verkäuferin ist, zeigt sie Ihnen auch Produktproben, damit Sie sich das Innenleben der Matratze anschauen können. Sie tasten, befühlen, liegen Probe. Tatsächlich sind Sie nach diesen Ausführungen überzeugt von der Fachkompetenz der Dame. Aber wissen Sie nun auch, welche Matratze sich am besten für Ihre persönlichen Bedürfnisse eignet?

Erfolgreichen Verkäufern ist bewusst, dass Fachwissen eine notwendige Bedingung für den Verkauf ist. Aber eine, die man nur dosiert einsetzen sollte. Die Gefahr, den Kunden mit zu viel Fachwissen und vor allem mit Fachbegriffen zu erdrücken, ist groß.

→ *Praxis*tipp

Ein Verkaufsprozess ist ganz selten eine Expertentagung, bei der das Fachwissen auf dem Prüfstand steht.

Weil die Leute meist wenig Wissen über das Produkt haben, achten sie auf andere Dinge: das Aussehen des Verkäufers, die Stimmung im Laden, die Hausfassade, die

Internetpräsenz, die Anzeigen in Zeitungen usw. All das sind wesentliche Kriterien und sie stimmen überein mit der Erkenntnis, dass Kaufentscheidungen zu 80 Prozent emotional getroffen werden. Mit dem Verstand treffen Sie eben nur ein Fünftel dessen, was Sie brauchen, um als Verkäufer zu punkten. Des Pudels Kern liegt in der sachlichen und der persönlichen Kompetenz.

1.3   Sachwissen

Die „Sache" des Verkaufs steht im Mittelpunkt dieses Buches, und damit ist die Beantwortung folgender Fragen gemeint: Wie funktioniert Verkauf? Wie führe ich erfolgreiche Verkaufsgespräche? Wie schaffe ich den Abschluss? Wie binde ich Kunden? Wie begeistere ich sie?

Meister des Verkaufs haben vielfältige Antworten darauf, wenn auch nicht immer bewusst. Es gilt: Sachwissen ersetzt kein Fachwissen, aber es ist für den Verkaufserfolg hilfreich und notwendig. Es beinhaltet die Kunst, das Fachwissen gegenüber dem Kunden bedarfsgerecht anzuwenden.

Im Einzelnen gehören zum Sachwissen Kenntnisse über ...
- → Kommunikation (vgl. Kap. 1.1),
- → Kundentypen (vgl. Kap. 3.2),
- → Methoden und Techniken der Gesprächsführung (vgl. Kap. 4.2 und 4.3) und
- → Konflikt- und Reklamationsverhalten (vgl. Kap. 9).

Kenntnisse über und ein Verständnis für die Mechanismen des Verkaufs führen erfahrungsgemäß dazu, dass der Verkäufer sein Verhalten kundenorientiert verändert und damit seinen persönlichen Erfolg erhöht.

1.4   Persönliche Kompetenz

Es gibt Menschen, denen das verkäuferische Geschick gewissermaßen in die Wiege gelegt wurde. Keine Frage. Sie haben quasi ein doppeltes „Verkaufs-Gen". Wie oft im Leben ist es aber auch im Verkauf so, dass man weit kommen kann, wenn man das „Handwerk" – in diesem Fall das des Verkaufs – richtig lernt. Niemand wird Weltmeister im Speerwurf oder Hürdenlauf, ohne die jeweilige Technik zu erlernen und konsequent zu trainieren. Mag sein, dass es Leute gibt, die genauso häufig trainiert haben wie der Sieger, die aber nur unter die zehn oder auch nur die hundert Besten kommen. Zum Sieg fehlt ihnen das Quäntchen Talent. Aber sie sind verdammt weit gekommen. Und das haben sie allein mit Technik, Ausdauer und Disziplin geschafft.

Nicht mehr, aber auch nicht weniger gilt für den Verkauf. Wer sich darauf einlässt und hart arbeitet, kann sich in Top-Listen wiederfinden. Wir betrachten die Position der persönlichen Kompetenz daher intensiver und widmen ihr ein eigenes Kapitel (Kap. 2). Nicht ohne Hintergedanken, denn:

DIE PERSÖNLICHKEIT DES VERKÄUFERS IST DER ERFOLGSFAKTOR SCHLECHTHIN.

Es gibt viele Möglichkeiten, sich als Verkäufer weiterzubilden und das zu trainieren. Sie sollten all das nutzen, es bringt Sie weiter. Das sind Hürden, über die können Sie springen. Es gibt auch Hürden, über die man nicht so einfach hinweggehen kann. Sie sind in langen Zeiträumen entstanden, und möglicherweise disqualifizieren sie den einen oder anderen als Starverkäufer. Das ist keinesfalls eine Bewertung des jeweiligen Menschen. Damit soll nur gesagt sein, dass die Merkmale, die eine Persönlichkeit ausmachen, es manchen erleichtern, Dinge zu „verkaufen" – auch im weitesten Sinne des Wortes. Andere tun sich damit eben eher schwer.

Letztlich geht es darum, das eigene Profil zu erkennen und konsequent die eigenen Stärken nach vorne zu bringen. Mehr dazu im nächsten Kapitel.

2 Verkaufspsychologie II: Erfolgsfaktor Persönlichkeit

2.1 Persönliche Kompetenz ist Einstellungssache

Wenn Sie einen Laden betreten, können Sie zunächst nichts über die Fach- und Sachkompetenz eines Verkäufers sagen. Sie können jedoch schnell bewerten, ob er Lust hat, Sie zu bedienen, und ob er an seinem Job Freude hat. Das entscheidet sich binnen Sekunden. Ausschlaggebend dafür, wie die Bewertung ausfällt, ist die innere Einstellung des Verkäufers. Will er verkaufen und kann nicht? Will er nicht, obwohl er kann? Will er nicht und kann nicht? Was wollen Sie?

> → Aufgabe
>
> ? *Wollen Sie im Verkauf arbeiten? Oder sind Sie eher in diese Rolle gezwungen worden? Wie sind Sie zum Verkauf gekommen? Welche Überzeugung steht dahinter? Was wollen Sie dem Kunden bieten, wie wollen Sie ihn für sich gewinnen? Wenn Sie dem Verkauf an sich mit Skepsis gegenüberstehen, fragen Sie sich, warum das so ist? Was befürchten Sie? Oder haben Sie schlechte Erfahrung mit Verkaufern gemacht und wollen nicht „zu diesen Leuten" gehören?*
>
> *Bitte schreiben Sie Ihre spontanen Gedanken dazu auf.*

Dem erfolgreichen Verkäufer gelingt es, sich so mitzuteilen, dass der Kunde ihn versteht. Er kann sich so verständigen, dass möglichst wenige Störungen auftreten. Er beherrscht die Regeln des Verkaufs und ist Fachmann auf seinem Gebiet. Aber er kann es nicht nur – er will es auch. Damit ist er glaubwürdig und authentisch. Er hat keine inneren Konflikte, kein schlechtes Gewissen, weil er dem anderen etwas andient. So sieht er die Welt nicht. Er konzentriert sich auf den Kunden, dessen Bedürfnisse bzw. Schwierigkeiten.

2.2 Vertrauen, Trauen, Zutrauen

Vertrauen ist ein wesentliches Element in sozialen Beziehungen. Es gleicht einem Klebstoff, der die Menschen zusammenhält. Im Verkaufsgespräch ist Vertrauen der Träger, mit dem sich glaubhafte Informationen an den Kunden bringen lassen. Was aber macht Vertrauen aus und vor allem: Wie lässt es sich im Verkauf aktivieren?

Vertrauen hat etwas mit „jemandem trauen" und mit „Zutrauen" zu tun.

Trauen – die rationale Ebene des Vertrauens

Sie trauen dem Handwerker, dass er Ihr Bad erfolgreich renoviert. Sie trauen der Schneiderin, dass sie das Kleid gleichmäßig kürzt. Sie trauen der Diagnose des Arztes, zumindest solange er keine Hiobsbotschaften verkündigt. Warum?

Sie trauen dem Fachwissen. Manchmal sind Sie diesem Wissensvorteil sogar mehr oder weniger hilflos ausgesetzt. Sie haben ja nicht Medizin studiert oder Vorlesungen in Elektrotechnik gehört. Wenn Sie ein, zwei positive Erfahrungen mit einem Partner, einer Firma gesammelt haben, kommt ein weiterer Vertrauensbaustein hinzu, der Sie in Ihrer Einstellung positiv bestätigt.

So geht es auch Ihrem Kunden. Hat er den Eindruck, dass Sie Ihr „Handwerk" beherrschen und wissen, wovon Sie reden, ist das bereits die halbe Vertrauensmiete. Das festigt sich dann noch, wenn er ein paar positive Erfahrungen mit Ihnen macht und damit auch bereit ist, in eine längerfristige, nachhaltige Kundenbeziehung zu Ihnen zu treten. Der Kunde traut Ihnen damit auf der rationalen Ebene. Trauen meint daher ...

→ Kompetenz (wir reihen das unter Fachwissen, Fähigkeit, Fertigkeit ein) und
→ Kontinuität.

Zutrauen – die emotionale Ebene des Vertrauens

Vertrauen hat auch eine emotionale Ebene. Auf dieser Ebene geht es um Zutrauen. Wenn Sie einem Menschen etwas zutrauen, haben Sie nicht zwangsläufig auch Zutrauen zu ihm. Zutrauen fasst man zu jemandem, der ehrlich und offen, also authentisch auftritt. Der den Eindruck vermittelt, dass er das, was er sagt, ernst meint.

> Beispiel
> Der Verkäufer, der Ihnen sagt, dass die Hose nicht sitzt, weil Sie dafür ein zu ausgeprägtes Hohlkreuz haben und Ihre Hüften unvorteilhaft zur Geltung kommen, ist authentischer als einer, der in Entzücken über die Passform ausbricht, während Sie versuchen, Ihre Speckrollen doch noch in den Hosenbund zu drücken.

Zutrauen spielt sich auf der Beziehungsebene ab und lässt sich mit folgenden Positionen umreißen:

→ Anteilnahme (Fürsorge, Mitgefühl, Empathie)
→ Aufrichtigkeit (ehrliches, offenes Auftreten, Kritikfähigkeit)
→ Authentizität (Glaubwürdigkeit, Echtheit)

Wenn es Ihnen gelingt, diese Kriterien zu erfüllen, dann traut der Kunde Ihnen auch zu, dass Sie klar Position beziehen, dass Sie auch mal von etwas abraten, dass Sie in der Lage sind, eine passende Auswahl zu treffen, und bereit sind, das Sortiment zwecks Übersichtlichkeit zu begrenzen.

Aus Trauen und Zutrauen kann Vertrauen erwachsen, wenn auch nicht zwangsläufig. Die vertrauensbildenden Maßnahmen, die wir brauchen, um eine möglichst reibungslose Kommunikation zwischen Sender und Empfänger aufzubauen, beruhen auf vielen Fassetten.

Es handelt sich um ...
→ die inhaltliche Dimension (Trauen = Fachkompetenz),
→ die soziale Dimension (Zutrauen = emotionale Kompetenz),
→ die methodische Dimension (Beeinflussungsgeschick) und
→ die persönliche Dimension (Vertrauen in die Person als Ganzes, Glaubwürdigkeit).

Exkurs: Authentizität und Nachhaltigkeit

Authentizität ist genauso schwierig auszusprechen wie einzuhalten. Sie drückt aus, dass ein Mensch konsequent sich selbst folgt und mit den eigenen Positionen im Einklang handelt. Das ist wahrlich ein schwieriges Unterfangen. Schon allein deshalb, weil jeder grundsätzlich immer mit vielen verschiedenen Rollen konfrontiert ist. Sie sind Mutter, Ehefrau, Freundin, Buchhalterin, Tochter, Hausbesitzerin, Mietwagenfahrerin, Kundin etc. Im Grunde ist an jede dieser Rollen auch eine bestimmte Erwartung geknüpft. Eine Erwartung, die Sie an sich selbst stellen und eine, die von außen auf Sie projiziert wird.

In diesem Spannungsfeld stehen wir permanent und die Frage ist, wie wir uns in diesen Feldern bewegen. Dabei meint authentisch sein nicht, dass Sie nun eine klare Vorgabe haben, an die Sie sich sklavisch halten, das wäre schon allein deshalb verfehlt, weil es in der Realität – und gerade in der Realität der Verkaufer – ganz selten nur Schwarz-Weiß-Positionen gibt. Vielmehr geht es um einen Korridor, in dem Sie sich bewegen können und wollen, eine Bandbreite an möglichen Verhaltensweisen, die mit Ihnen zu tun haben und die Ihre Persönlichkeit widerspiegelt.

Halten Sie an dieser Stelle an und fragen Sie sich: Wo sind meine persönlichen Grenzen, wo gehe ich noch mit und wo blende ich mich aus? Wie sieht meine persönliche Werteskala aus? Was ist mir wichtig? Was würde ich einem Kunden noch zumuten und wo sehe ich mich selbst infrage gestellt?

Es ist nicht wirklich schwierig, das für sich selbst herauszufinden. Sie spüren das sehr schnell und können Gewissheiten aufbauen. Schwierig ist es, diese Positionen dann im Alltag auch einzuhalten. So nach dem Motto: Ich bin ja eigentlich ganz anders, aber ich habe keine Zeit dazu, zu zeigen, wie ich wirklich bin. Oder: Die anderen lassen mir keine Chance, so zu sein, wie ich bin.

Nun, das zeigt natürlich, dass jemand, der so etwas von sich gibt, noch recht weit weg ist von der Erfahrung der Authentizität, denn die bedeutet, dass man grundsätzlich an seinen Prinzipien festhält und seine Persönlichkeit abbildet.

Dazu braucht man:
→ Reflexionsfähigkeit – das eigene Tun kritisch zu beleuchten
→ Kritikfähigkeit – in der Lage sein, diese Kritik auch anzunehmen
→ Konsequenz – und dann entsprechend gegenzusteuern.

Das klingt banal, ist es aber nicht, weil es eine zutiefst menschliche und verständliche Eigenart ist, bestimmte ungeliebte Verhaltensweisen an sich selbst zu übersehen und die Verantwortung in mehr oder weniger großen Teilen auch auf den anderen zu schieben. „Der hat nicht richtig zugehört", „Der hat das nicht verstanden", „Der wollte gar nicht kaufen". Das sind typische Sätze für die fehlende Bereitschaft, Nabelschau zu machen.

Und unsere Gesellschaft hat auch sehr lange geflissentlich darüber hinweggesehen. Mehr noch: Auswüchse in diese Richtung mitgetragen. Heute wird beklagt, dass es zunehmend Narzissten gibt, die die Schuld grundsätzlich bei anderen verorten, weil sie selbst gar nicht genug Substanz haben, um die Kritik aufzunehmen. Da ist ja nur ein Spiegel. Diese Menschen sind dann auch in der Lage, ein Lügengebilde um sich herum aufzubauen, das ihre scheinbare Überlegenheit aufrechterhalten soll – und der Rest der Truppe hat lange Zeit duldend zugesehen. Manchmal sogar bewundernd, weil diese meist rücksichts- und skrupellosen Menschen dann auch einen gewissen materiellen Erfolg verbuchen konnten.

Das ist nun im Wandel begriffen. Nicht zuletzt durch die Mechanismen, die eine massive Wirtschaftskrise hervorgerufen haben, und die auch und vor allem in den Verhaltensweisen der Menschen stecken. Im Wandel deshalb, weil die Menschen nicht mehr nur in materiellen Kategorien denken, sondern nach Sinn und Spaß suchen, die nicht mit Geld zu kaufen sind.

Natürlich wird derjenige, der sich materiellen Reichtum tatsächlich oder vielfach auch nur vermeintlich leisten und das nach außen hin zeigen kann, immer noch mit einer gewissen Bewunderung wahrgenommen. Aber immer mehr Menschen distanzieren sich auch und ziehen sich in andere Lebensräume zurück. Für Sie als Verkäufer sind das wichtige Erkenntnisse. Sie kreisen sehr stark um den Begriff der Nachhaltigkeit, der immer mehr in die Öffentlichkeit dringt.

Nachhaltigkeit lässt sich auf den ersten Blick assoziieren mit Langlebigkeit und Beständigkeit, also genau dem Gegenteil von schnellem Erfolg. Wenn wir genauer hinschauen, wird Nachhaltigkeit in dem Dreieck: Ökonomie, Ökologie und Soziale Bedeutungen zu sehen sein.

→ Die ökonomische Nachhaltigkeit zielt darauf ab, dass das Wirtschaften so ausgelegt ist, dass es dauerhaft eine tragfähige Grundlage für Erwerb und Wohlstand bietet. Das beinhaltet auch den Schutz wirtschaftlicher Ressourcen vor Ausbeutung.

→ Ökologische Nachhaltigkeit meint, dass Natur und Umwelt für die nachfolgenden Generationen erhalten werden.

→ Die soziale Nachhaltigkeit meint die Weiterentwicklung der Gesellschaft, meint die Beteiligung für alle Mitglieder der Gemeinschaft an einem würdevollen und wertegetragenen Leben. Ziel ist die lebenswerte Gesellschaft.

Es wird nicht mehr möglich sein, dass die Menschen einfach wieder in die Welt des Scheins dahinschwinden, dass sie der Gier wieder unbegrenzt Spielräume lassen. Und Sie als Verkäufer sollten sich dessen bewusst sein, denn es ändert Ihre Argumentation und Ihre Zugehensweise zum Kunden.

Aber das wird auch Auswirkungen auf die Unternehmen und deren Produkte haben. Die Käufer sind auf eine neue Art kritisch. Sie sind bereit, bis zu einem gewissen Grad mehr Geld auszugeben für Produkte, die ausgewiesen sind, ökologisch, ökonomisch und sozial ausgewogen entwickelt zu sein.

UND SIE SCHAUEN SICH UM NACH MENSCHEN, DIE DIESE NACHHALTIGKEIT UND AUTHENTIZITÄT REPRÄSENTIEREN. DER AUTHENTISCHE VERKÄUFER HAT HIER GUTE KARTEN.

2.3 Das äußere Erscheinungsbild

Vertrauen Sie sich einer Friseurin an, die in Ihren Augen wie ein Wischmopp ausschaut? Vertrauen Sie sich guten Gewissens einem Steuerberater an, dessen Kanzlei ausschaut, als hätte eine Bombe eingeschlagen?

NEBEN DER REIN FACHLICHEN KOMPETENZ HABEN TRAUEN UND ZUTRAUEN IMMER AUCH EINE OPTISCHE DIMENSION.

Ein Verkäufer, der Sie optisch nicht anspricht, wird es schwer haben, Sie von seinen Produkten oder Dienstleistungen zu überzeugen, vermutlich gelingt es ihm gar nicht. Attraktivität im Sinne von „schön" hat damit nur bedingt etwas zu tun. Niemand erwartet Claudia Schiffer im Service-Center eines Elektronikmarktes. Aber jeder darf ein gepflegtes, sauberes und ansprechendes Erscheinungsbild erwarten. Dass viele Verkäufer darauf nur bedingt Wert legen, ist umso erstaunlicher, als das Outfit die Möglichkeit bietet, bewusst in die Verkäuferrolle zu schlüpfen.

Vor jeder Verkaufsschulung in Unternehmen mache ich eine Telefonkontrolle und eine Ortsbegehung, am liebsten einen Testkauf. Dann bin ich oft ein, zwei Stunden im Laden, rede mit den Verkäufern, lasse mich beraten, kaufe das eine oder andere. Keiner erkennt mich später wieder, wenn ich als Seminarleiterin vor der Gruppe stehe, denn im Geschäft war ich in Jeans und T-Shirt; den Seminarraum betrete ich stets im Hosenanzug oder Kostüm.

Meinen „Arbeitsdress" ziehe ich grundsätzlich erst eine Stunde vor Veranstaltungsbeginn an. Ich schlüpfe in die Rolle der Seminarleiterin, Dozentin, wahlweise Beraterin, immer Verkäuferin.

Viele meiner Kollegen halten das so. Die Aktion ist symbolisch und es geht um die Oberfläche im Sinne einer Signalwirkung nach außen, um den ersten Eindruck. Eine Boutique-Verkäuferin, die in Billigkleidung hochwertige Markenware zu entsprechenden Preisen an die Frau bringen soll, hat es nicht einfach. Die Kosmetikerinnen in großen Kaufhäusern tragen dick auf, um die Ware feilzubieten. Bei Beratern für kleine und mittelständische Unternehmen gilt die Devise:

> „SEI IMMER EINEN TICK BESSER ALS DER KUNDE. NICHT WENIGER, ABER AUCH NICHT MEHR."

Unternehmer lehnen nämlich Berater, die zu edle Anzüge tragen, ab, aber sie wollen auch nicht mit allzu Hemdsärmeligen zusammenarbeiten. Die einen erscheinen zu teuer, die anderen zu wenig erfolgreich.

Die gute alte Schürze – nehmen Sie sie im übertragenen Sinn – hatte und hat eine besondere Bedeutung im Verkauf. Es gibt Kreditinstitute, in denen die Frage, ob die Angestellten im Sommer kurze Hosen oder bunte Hemden tragen dürfen, dem Vorstand zur Entscheidung vorgetragen wird. Ärzte, Polizisten, Piloten, Taucher, Bergsteiger und Stewardessen tun es: Sie tragen eine Uniform, um sich zu positionieren, sich abzugrenzen von der zahlenden Kundschaft, aber auch, um ihren Job ausfüllen zu können. Sie werden keinen professionellen Bergsteiger beim Auf- oder Abstieg treffen, der ohne Bergschuhe und einen Rucksack mit Schlechtwetterkleidung, Sicherungsseil und Bergkarte unterwegs ist. Nur die Laien rennen den Berg schutzlos und in Glattlederslippern hinauf.

Und Sie? Wie sieht Ihr persönliches Verkäufer-Outfit aus? Vielleicht bietet Ihr Unternehmen im Rahmen der Corporate Identity eine spezielle Hauskleidung an. Das erleichtert vieles, denn Sie schlüpfen dann eindeutig in eine spezifische Image-Ausrüstung. Wenn Sie auf keine CI-Kleidung zurückgreifen können und Ihr Unternehmen keine Vorschriften macht, können Sie sich ein ganz individuelles Verkaufs-Outfit zulegen. Das hat Vorteile, weil es Ihnen eine persönliche Note ermöglicht. Natürlich immer mit Blick auf das Umfeld, in dem Sie agieren.

Finden Sie mithilfe der folgenden Übung heraus, wie Ihr individuelles Verkäufer-Outfit aussieht.

> → Aufgabe
>
> *Beantworten Sie für sich folgende Fragen, um das für Sie passende Verkäufer-Outfit ausfindig zu machen.*
>
> ? *In welchem Segment ist mein Unternehmen angesiedelt (Niedrigpreis-, Mittelklasse-, Hochpreissegment)?*
>
> ? *Wie ist meine Kundschaft gekleidet (hemdsärmelig/ unauffällig, gute Qualität/businesslike, edel)?*
>
> ? *Kann ich den Stil des Hauses mit meinem persönlichen Stil kombinieren? Wenn ja, wie?*
>
> ? *Habe ich Kleider, die mir das Gefühl geben, dass ich mit ihnen wirke wie ein Verkäufer, mit denen ich in die Rolle des Verkäufers schlüpfen kann? Welche sind das? Kann ich mir mehr davon besorgen?*
>
> ? *Grenze ich mich mit meiner Kleiderauswahl von meinen Kollegen ab, weil ich z.B. eher die Mittelklasse abdecke, andere das Hochpreissegment? In welcher Kategorie fühle ich mich am wohlsten? Kann ich etwas tun, um dort eingesetzt zu werden, falls ich momentan woanders arbeite?*

Auch wenn die äußere Erscheinung nicht gerade Ihr erstes Thema ist, sollten Sie einige Gedanken darauf verwenden – Sie machen sich das Verkäuferleben damit leichter. Wenn Sie signalisieren, dass Sie sich in Ihrer Rolle wertschätzen, können Sie diese Wertschätzung auf andere übertragen.

2.4   Identifikation mit der Verkäuferrolle

Ob Franz Beckenbauer sich mit der Frage „Ja, ist denn schon Weihnachten?" identifizieren konnte, weiß nur er. In seinem Fall ist das nachrangig, er hat den Status einer „Lichtgestalt", der ihm Glaubwürdigkeit verleiht. Auch wenn er sich auf dem Handy-Markt womöglich gar nicht auskennt. Wenn Sie kein „VIP" sind, müssen Sie Ihre Glaubwürdigkeit mit anderen Mitteln erreichen.

→ *Praxis*tipp

Wesentlich ist, dass Sie von den Produkten bzw. Dienstleistungen überzeugt sind, die Sie verkaufen wollen.

Ganz egal, ob Sie als Buchhalter, Finanzvorstand, Reinigungskraft, Abteilungsleiter Produktion oder Marketingassistent arbeiten: Wenn die Produkte und/oder die Leistungen, die Ihre Firma dem Markt präsentiert, bei Ihnen keine Gnade finden, sollten Sie über kurz oder lang einen Wechsel in ein anderes Unternehmen in Betracht ziehen.

Denn ohne die Überzeugung, dass das, was Sie bieten, was der Betrieb bietet, gut ist, können Sie andere nicht wirklich überzeugen. Sie können sich nicht mit Ihrer Rolle identifizieren und Sie können niemanden gewinnen für Ihr Angebot. In jeder Preisverhandlung werden Sie ein unangenehmes Gefühl haben, weil Sie eine Sache verkaufen und nicht den Eindruck vermitteln können, dass Sie dem Kunden etwas Gutes tun. Darum aber geht es. Das ist möglich und einfacher als Sie denken, wenn Sie die folgenden Tipps beherzigen.

Vertrauen Sie auf Ihre Fähigkeiten

Machen Sie sich Ihre Qualitäten bewusst und Ihr Fachwissen bewusst und seien Sie stolz darauf – das ist Ihr gutes Recht. Und es hat den positiven Nebeneffekt, dass Sie Zuversicht und Selbstvertrauen ausstrahlen, was sich sicherlich förderlich auf Ihre Verkaufsergebnisse auswirken wird.

Erkennen Sie Ihr Gegenüber

Menschen sind erfreulicherweise verschieden. In bestimmten Dimensionen sind sie sich aber auch wieder erstaunlich ähnlich. Sie reden z.B. liebend gern über sich selbst und ihre Themen, getreu dem Motto „Das eigene Baby ist immer das schönste". Als Verkäufer sollten Sie das zulassen – und zuhören. Versuchen Sie, den Menschen hinter dem Kunden zu sehen. Braucht er Anerkennung, Sicherheit, Prinzipien? Berücksichtigen Sie das in Ihrer Verkaufsstrategie.

Reflektieren Sie die Wünsche des Kunden

Nicht jeder Mensch ist in der Lage, seine Wünsche und Vorstellungen klar zu äußern. Viele können ihr Problem oder ihre Wünsche nicht genau definieren.

Das ist für Sie als Verkäufer eine echte Herausforderung. Hier können Sie zeigen, dass Sie selbst für unklar definierte Probleme Lösungen haben. Das erfordert Einfühlungsvermögen und Kenntnisse der Psychologie des Menschen und es braucht den Willen, die Wünsche des Kunden tatsächlich zu erfüllen.

Kapitulieren Sie nicht vor dem Nein

Jeden Verkaufsvorgang, den Sie nicht abschließen, können Sie für sich und Ihr Weiterkommen nutzen. Fragen Sie sich: Warum hat der Kunde nicht gekauft? Warum konnte ich seine Verärgerung nicht in den Griff bekommen? Warum konnte ich seine Unentschlossenheit nicht auflösen?

Jede Niederlage im Verkauf dient dazu, den nächsten Verkaufsvorgang besser zu gestalten. Lassen Sie sich von einer Absage nicht beeindrucken. Es wäre übermenschlich, wenn Ihnen jeder Abschluss gelänge.

Ein Nein ist erst einmal eine verlorene Schlacht – kein verlorener Krieg. Schließlich haben Sie einen Kunden an der Hand. Einen, der heute nicht kauft, aber vielleicht morgen oder in einem Jahr. Nutzen Sie den Kontakt und bereiten Sie die Daten vor. Hartnäckigkeit ist ein gutes Verkaufsargument. Und eine möglichst hohe Frustrationstoleranz ist ein sicheres Hilfsmittel, um die gute Laune zu bewahren.

Aufmerksamkeit ist Ihr Vorteil

Denken Sie daran: Alle Prozesse im Unternehmen sind darauf ausgelegt, dass der Kunde kommt und kauft. Nicht alle Verkäufer haben erkannt, wie zentral ihre Position im Rahmen der unternehmerischen Wertschöpfung ist. Sie scheuen sich, Kunden gegenüberzutreten. Andere wiederum scheinen zu viel Selbstbewusstsein zu haben: Sie schauen arrogant und unwillig drein und vermitteln dem Kunden das Gefühl, ein Störenfried zu sein.

Selbstverständlich ist es manchmal schwierig, die Leute einzuordnen. Ein Kunde mit verwaschenen Jeans muss heute beileibe kein armer Schlucker sein. Aber vielleicht einer, der sich intensiv beraten lässt, die Zeit des Verkäufers absorbiert – und dann nachhause geht, um im Internet zu bestellen. Auch das rechtfertigt keine abweisende Haltung.

Aufmerksamkeit statt Taxieren ist die Devise. Seien Sie weder zu aufdringlich noch zu abweisend, sondern auf zurückgenommene Weise aufmerksam. So werden Sie bald feststellen, wie sich die Spreu vom Weizen trennt und bei welchen Kunden es sich lohnt, sich stärker ins Zeug zu legen.

Urteilen Sie nicht, bewerten Sie nicht

Schlüpfen Sie als Verkäufer nicht in die Rolle des Richters: Die Meinung des Kunden muss Ihnen nicht richtig erscheinen, seine Ansicht kann der Ihren widersprechen. Das ist für ein Verkaufsgespräch irrelevant, weil Sie ja mit dem Kunden nicht zusammenleben, sondern weil Sie ihn überzeugen wollen, dass Sie das richtige Produkt für ihn haben. Bewertungen und Urteile haben dabei nichts zu suchen.

Freuen Sie sich über ein erfolgreiches Projekt

Erfolgreiche Verkäufer haben selten Hemmungen, sich über einen erfolgreichen Abschluss zu freuen. Das ist wichtig und richtig so, denn daraus lässt sich Motivation schöpfen. Genauso wie sich umgekehrt Demotivation einstellt, wenn jeder Misserfolg zum Tages-, Abend- oder Nachtgespräch wird. Nutzen Sie die Negativergebnisse als Lerngrundlage, aber bitte geben Sie auch den positiven Ereignissen Raum.

2.5 Test: Wann sind Sie vertrauenswürdig?

Im Folgenden finden Sie einen Test (angelehnt an Cutlip/Center/Broom 2000, S. 424 ff.), mit dessen Hilfe Sie herausfinden können, wann Sie vertrauenswürdig sind.

Glaubwürdigkeit / persönliche Kompetenz (Credibility)

Nachrichtensprecher genießen eine hohe Glaubwürdigkeit bei den Zuschauern. Das ist wichtig, denn wenn sie die Nachrichten verlesen und als Person nicht glaubwürdig wären, würden auch die Inhalte nicht ankommen.

Versuchen Sie sich an eine Situation zu erinnern, in der Sie den Eindruck hatten, als sehr glaubwürdig angesehen zu werden. Was genau war Ihr Beitrag zu diesem Effekt? Können Sie das wiederholen? Bitte notieren Sie es.

_____

_____

Inhalt/Fachwissen (Content)

Käufer lassen sich für eine bestimmte Leistung bzw. ein Produkt gewinnen, wenn sie einen Nutzen oder gar eine Belohnung erwarten können. Der Nutzen muss in irgendeiner Form im Zusammenhang (Context, siehe unten) mit der Person des Kunden stehen.

Bitte schreiben Sie Situationen und Formulierungen auf, bei denen es Ihnen gut gelungen ist, den Nutzen des Produkts zu vermitteln.

_____

_____

Psychologischer Zusammenhang (Context)

Der Nutzen eines Produkts / einer Dienstleistung ist kein absoluter Wert, sondern immer nur aus der Perspektive des Betrachters von Bedeutung. Was für den einen Zauberwörter sind (siehe Kap. 4.4), ist für den anderen ein rotes Tuch. Es ist deshalb entscheidend, dass Sie den Geschmack und die Bedürfnisse des Kunden treffen.

Wann und wie ist Ihnen das gut gelungen? Bitte machen Sie sich auch dazu Notizen. Wir werden das Thema im Kapitel 7.2 näher untersuchen.

_____

_____

Klarheit/Slogans (Clarity)

Inhalte, insbesondere Fachinhalte, dürfen den Kunden nicht überfordern. Sie sollten verständnis- und verständigungsorientiert formuliert werden.

Bei welchen Formulierungen haben Sie den Eindruck, dass die Kunden nicht nur verständnisvoll nicken, sondern tatsächlich verstanden haben? Ein Hinweis können die daraufhin gestellten Fragen des Kunden sein. Bitte schreiben Sie Ihre Formulierungen auf.

_____

_____

Kanäle, Anschauungsobjekte, Verkaufshilfen (Channels)

Das gesprochene Wort ist sicherlich das eindrucksvollste Instrument des Verkaufs. Allerdings gilt es, auch andere Medien zu nutzen, um weitere Sinne des Kunden anzuregen. Das können Folder, Bildmaterial, Videos, Produktproben und Ähnliches sein.

Was steht Ihnen hier zur Verfügung? Bitte stellen Sie das ganze Repertoire zusammen.

_____

_____

Wenn es Ihnen leichtfiel, drei, vier Positionen pro Punkt aufzulisten: hervorragend. Dann sind Sie bereits auf dem besten Weg zum Starverkäufer. Sollten Sie häufiger gestockt haben, war es für Sie wichtig, diese Etappen zu durchlaufen. Vor allem deshalb, weil Sie damit die Chance haben, wesentliche Formulierungen und Gedankenschemata immer wieder herzuholen – wenn es das Verkaufsgespräch erfordert. Wir werden die Positionen weiter vertiefen.

3 Verkaufspsychologie III: Gesichtskontrolle

3.1 Verkäufergesichtskontrolle

Wann haben Sie sich zuletzt sofort wohlgefühlt, als Sie einen Laden betreten haben? Ist es nicht oft so, dass Sie als Kunde vorsichtig beäugen, wer Sie wie in den Blick nimmt? Es gibt zwei Varianten, die man leider oft beobachten kann: Entweder sind die Verkäufer vorwiegend mit sich selbst oder mit den Kollegen beschäftigt oder aber sie taxieren die Kunden von oben nach unten. In beiden Fällen stellt sich beim Kunden ganz schnell Unbehagen ein.

Insbesondere bei der zweiten Variante fragt er sich vermutlich bange, ob er den Test, die Gesichtskontrolle bestehen wird. Es gibt wenige Kunden, die in solchen Situationen komplett souverän bleiben, sehr viele gehen wieder, andere poltern durch die Gegend und machen sich mehr oder weniger charmant, meist aber lautstark bemerkbar. Auf jeden Fall ist der erste Kontakt zwischen dem Kaufwilligen und dem Verkäufer schon mal so richtig in die Hose gegangen. Was lediglich hängen bleiben kann ist, dass auch die Verkäufer zu einem hohen Maß verunsichert sind, denn sonst würden sie eben auch mit Souveränität und nicht mit Überheblichkeit auf den Kunden zugehen.

Drehen wir den Spieß um: Gute Verkäufer beobachten andere Verkäufer. Probieren Sie das selbst aus: Gehen Sie einen Tag lang in die Stadt. Zum Bummeln, ins Restaurant oder in eine Infostelle. Beobachten Sie und hören Sie sich an, was die Verkäufer von sich geben. Sie werden erkennen, wie einfach es ist, sich aus dieser Menge positiv abzuheben und erfolgreich das eigene Verkaufsbusiness zu betreiben. Manchmal werden Sie auch erkennen, dass es angebracht wäre, die Verkäufer einer Gesichtskontrolle zu unterziehen.

→ **Aufgabe**

Lesen Sie die folgenden beiden Negativbeispiele und überlegen Sie anschließend, wie Sie es anstelle des Kellners bzw. der Verkäuferin besser machen würden. Notieren Sie bitte jeweils zwei Alternativen.

a) Ein Kunde traut sich, im Fischrestaurant zu fragen: „Haben Sie auch Bier?" Die ungehaltene Antwort des Kellners: „Leider nur Weißbier und Pils." Der Kunde wollte tatsächlich ein Pils, muss aber jetzt leider mit einem Pils vorliebnehmen ...

Alternative 1: _____

_____

Alternative 2: _____

_____

b) Eine gelangweilte Verkäuferin im Sportgeschäft beantwortet die Frage, ob sie auch Trainingsanzüge habe, mit der Gegenfrage: „Baumwolle oder Polyester?" Der Kunde schaut hilflos zu seiner Frau. Die plädiert für Baumwolle. Die Verkäuferin darauf: „Da haben wir nur diesen einen. Aber der ist wahrscheinlich in Ihrer Größe nicht da."

Alternative 1: _____

_____

Alternative 2: _____

_____

Auflösung: Sind Sie auch auf die Idee gekommen zu sagen: „Selbstverständlich haben wir auch an Sie gedacht. Was ist Ihnen lieber – ein Pils oder ein Weißbier?" Oder: „Wir können Ihnen ein echtes bayerisches Weißbier oder ein frisch gezapftes Pils anbieten. Was wäre Ihnen lieber?" Hätten Sie als Sportbekleidungsverkäuferin gefragt: „Wofür ist denn der Trainingsanzug gedacht?" Immerhin kann er für einen ehrgeizigen Fitnessplan genauso herhalten wie für die Sofapflege. Sie sehen das auch so? Dann sind Sie bereits ein guter Verkäufer, weil Sie den Kunden im Blick haben und wollen, dass er das Restaurant bzw. den Laden mit einem guten Gefühl verlässt.

Wenn Sie bei Ihrem Bummel durch die Stadt das Verhalten der Verkäufer beobachten, können Sie feststellen, dass es mehrere Ursachen für unzureichendes oder sogar kontraproduktives Verhalten gibt:

→ Snobismus. Je hochwertiger die Produkte, desto versnobter scheinen viele Verkäufer aufzutreten. Manchmal vermitteln sie damit irrigerweise, dass der Verkäufer mindestens die Klasse des Kunden haben sollte. Das wäre klasse, wenn sie nicht Klasse mit Arroganz verwechseln würden, womöglich um ihre Unsicherheit zu verbergen. Damit schaden sie aber nicht nur dem Image des Verkäufers, sondern langfristig auch dem ganzen Unternehmen.

→ Unverschämtheit im Kundenkontakt ist leider keine Seltenheit.

Stellen Sie sich vor, Ihre Firma zahlt einen Betrag X zu Ihrer Direktversicherung, die Dynamik zahlen Sie selbst drauf. Sie überweisen regelmäßig und rufen an, weil Sie wissen wollen, ob die neue Kontonummer Ihrer Firma angekommen ist. Die Dame am Telefon schweigt, brummelt: „Hmm, hmm", und erklärt Ihnen dann: „Also, das mit Ihrem Konto ist ja das reinste Chaos. Mal hier, mal da, das darf ja wohl nicht wahr sein." Ja, das denkt sich der betroffene Kunde dann auch: So was sollte es wirklich nicht geben.

→ Schlechte Laune ist in Werkstätten, Büros und Geschäften weit verbreitet, irritiert den Kunden oder schreckt ihn sogar ab. Natürlich wissen wir alle, dass es Zeiten gibt, in denen man sich schlecht fühlt. Körperlich oder psychisch. Aber:

→ *Praxis*tipp

Als Verkäufer, der die Oberfläche des Unternehmens darstellt, darf man sein inneres Befinden nicht nach außen dringen lassen.

Das erfordert natürlich Disziplin und Selbstbeherrschung. Wer die nicht aufbringen kann, hat an der „vorderen Front" nichts zu suchen. Der Kunde ist nämlich nicht verantwortlich für die Verfassung des Verkäufers. Also sollte er sie auch nicht zu spüren bekommen. Ganz zu schweigen davon, dass man mit seiner offen zur Schau getragenen schlechten Laune womöglich Kunden vergrault.

→ Inkompetenz bzw. Unwissenheit ist ein weiteres Merkmal, das dem Kunden leider gar nicht so selten entgegengebracht wird. „Kann ich Ihnen nicht sagen", „Da müssen Sie mal da hinten schauen", „Das weiß ich nicht". Da kann der Kunde gleich im Internet bestellen oder zu den so genannten „Billigheimern" gehen. Da weiß man wenigstens, dass man keine kompetente Antwort erwarten kann – und auch nicht dafür zahlt.

→ Aufgabe

Lassen Sie nun Ihre eigenen Erfahrungen, die Sie an Ihrem „Verkaufsverhalten-Forscher-Tag" gesammelt haben, Revue passieren. Sicher fallen Ihnen weitere Merkmale ein, die bewirken, dass Sie sich als Kunde schlecht fühlen. Notieren Sie, was Ihnen aufgefallen ist, und überprüfen Sie daraufhin Ihr eigenes Verkäuferverhalten.

Je nachdem, auf welcher Seite Sie stehen – Kunde oder Verkäufer – werden Sie die Blickwinkel im Kontext Ihrer speziellen Rolle erleben. Als Kunde erleben Sie den unsichtbaren Teil des Eisberges sehr intensiv. Der Verkäufer kommt nicht dazu, das Eis zu brechen, oder er rammt Sie, weil er den unteren Eisblock übersieht. Beide Versionen sind für alle Beteiligten unangenehm.

Manchmal sind Sie der Kunde, aber Sie stehen 35, 40, manchmal auch 60 und mehr Stunden pro Woche auf der anderen Seite. Und dann sollten Sie erst im Geiste Ihr eigenes Gesicht durch die Gesichtskontrolle schicken, bevor Sie den Kontakt zum Kunden aufbauen. Ob persönlich, am Telefon oder auch per E-Mail. Denken Sie an den Eisberg und lassen Sie Ihr Gegenüber erkennen, dass Sie eher ein Eiskratzer als ein Rammbock sind.

3.2 „Gesichtskontrolle" für Kunden – Kundentypen

Eine „Gesichtskontrolle" für Kunden leisten sich Discos, in denen auch Leute aus Film und Fernsehen verkehren, um ihren Marktwert zu steigern. Manche Nobelboutiquen haben Türsteher, die Respekt einflößen – und vielleicht auch den einen oder anderen vergraulen sollen.

Bei der Mehrheit der Unternehmen gibt es jedoch keine Durchgangssperre. Hier ist jeder willkommen, der seinen Bedarf decken will. Zumindest sollte das so sein. Dass der Kunde in der Realität trotzdem oft den Eindruck hat, entweder an der Gesichtskontrolle zu scheitern oder zumindest nicht willkommen zu sein, liegt am Verhalten der Verkäufer, der Telefonisten, der Buchhalter, der Sachbearbeiter. Als Leser dieses Buches werden Sie sicher gerne einen Beitrag dazu leisten, dass das nicht mehr geschieht.

➜ *Praxis*tipp

Andererseits muss man natürlich auch in Rechnung stellen, dass es solche und solche Kunden gibt. Nicht jeder kommt mit jedem klar.

Das ist ganz natürlich und liegt daran, dass es unterschiedliche Typen von Menschen gibt. Manchmal stimmt die Chemie einfach nicht, und der Verkaufserfolg ist gefährdet.

Menschen in Typen zu klassifizieren, ist eine zweischneidige Sache, denn in der Wirklichkeit kommen diese Typen selten bis nie so eindeutig vor wie im Modell beschrieben. Allerdings kann man bei den meisten Menschen aber Ausprägungen in die eine oder andere Richtung beobachten, weshalb es trotz aller Vorbehalte durchaus hilfreich ist, sich über verschiedene Menschen-„Typen" im Klaren zu sein.

Zu diesem Zweck lernen Sie nun verschiedene Kundentypen bzw. „Modellkunden" kennen. Viele Wissenschaftler haben sich darüber Gedanken gemacht und sind zu unterschiedlichen Einteilungen gekommen. Die Unterschiede bestehen aber meist nur auf den ersten Blick, sodass es Sinn macht, sich auf ein einziges Modell zu konzentrieren.

Werner Correll hat eines der Modelle entwickelt, die sich im Verkauf besonders bewähren (vgl. Correll 2007). Und zwar geht er davon aus, dass es fünf Grundmotivationen gibt, die das menschliche Verhalten bestimmen:

→ Soziale Anerkennung,
→ Sicherheitsstreben,
→ Suche nach Liebe/Vertrauen,
→ Selbstachtung und
→ Unabhängigkeit.

Ausgehend von diesen Grundmotivationen lassen sich fünf Kundentypen unterscheiden, die Sie im Folgenden kennen lernen. Die Charakterisierung der einzelnen Typen ist übrigens zur Veranschaulichung manchmal bewusst etwas überspitzt formuliert.

Übersicht: Kundentypen

→ Der Mittelpunktmagnet strebt in erster Linie nach sozialer Anerkennung.
→ Die graue Maus ist besonders auf Sicherheit bedacht.
→ Everybody's Darling wünscht sich, dass man ihm Liebe und Vertrauen entgegenbringt.
→ Dem Prinzipienreiter geht es vor allem um Selbstachtung.
→ Der Freiheitsliebende agiert unabhängig und souverän.

Der Mittelpunktmagnet

Wenn der Mittelpunktmagnet den Laden betritt, kommt sofort Bewegung ins Haus. Zum einen, weil er selbst intensiv in Bewegung ist, zum anderen, weil er andere in Bewegung bringt. Ruhe und Routine sind sein Ding nicht. Er wuselt durch die Regale oder alternativ durch die Unterlagen, tritt eher laut als leise auf, schwingt sich zum Wortführer empor und genießt es, die Aufmerksamkeit auf sich zu ziehen.

Mittelpunktmagnete lassen das Scheinwerferlicht auf sich wirken und bedanken sich genüsslich für den Applaus. Sie haben eine mehr oder weniger starke narzisstische Ausprägung und vermitteln ihrer Umwelt den Eindruck, dass sie einfach klasse sind und eine besondere Behandlung brauchen und verdienen. Um in den Mittelpunkt zu kommen und auch möglichst lange dort zu bleiben, ist der Mittelpunktmagnet ständig auf der Suche nach dem letzten Schrei, der neuesten Neuigkeit. Je unbekannter dieses Neue ist, umso besser, weil das Scheinwerferlicht dann umso heller auf ihn scheint.

Die Kleidung des Mittelpunktmagneten ist auffallend, modisch und abwechslungsreich. Sein Urlaubsziel ist eher das Fünf-Sterne-Wellnesshotel als die Südtiroler Berghütte, sein Sport eher Extremklettern als Fußball, mindestens Golf sollte es sein.

Er fährt bevorzugt große Autos, trägt Designerkleider und ist immer auf der Suche nach dem Besonderen, um sich in der Bewunderung seiner Freunde, Kollegen und Partner zu sonnen. Er braucht diese Bewunderung, weil er damit sein mangelndes Selbstwertgefühl ausgleichen will. Das ist wichtig zu wissen, denn er macht auf dem Absatz kehrt, wenn in irgendeiner Form eine kritische Äußerung in seine Richtung gemacht wird.

> ### → Aufgabe
>
> *Bitte nehmen Sie sich kurz Zeit und versuchen Sie, sich einen Mittel-punktmagneten vorzustellen. Haben Sie ein Gesicht vor Augen? Gut, dann überlegen Sie sich bitte, welche „Zauberwörter" Sie im Verkauf einsetzen würden, um diesen Kunden zu locken. Schreiben Sie min-destens drei Wörter auf.*
>
> **Auflösung:** Mit „besonders", „herausstechend", „auffallend", „der neueste Schrei", „gerade eben angeliefert", „ein Unikat der Kollektion", „kann nicht jeder tragen" „zeigt Ihren guten Geschmack", „wird die Frauen auf Sie aufmerksam machen" usw. sind Sie sicher auf der richtigen Spur.

Die graue Maus

Die Natur hat den Mäusen ein graues Fell wachsen lassen. Es schützt sie in der Dun-kelheit, es reflektiert nicht, es passt sich ideal der Umgebung an, es ist bieder. Kurz: Es bietet Sicherheit. Und das Streben nach Sicherheit ist das zentrale Bedürfnis der grau-en Maus. Sobald ungewöhnliche Geräusche auftauchen, flüchtet sie in ihr Mäuseloch. Im Gegensatz zum Mittelpunktmagneten flieht die graue Maus vor Kameras und Scheinwerfern. Veränderung ist ihr ein Gräuel, weil sie immer mit Unsicherheit ein-hergeht. Ob das Neue so gut ist wie das Alte? Solange kein eindeutiger Beweis vorliegt, bleibt man lieber beim Bewährten, getreu dem Motto: Was der Bauer nicht kennt, …

Diese eher ängstlichen Menschen bevorzugen als sportliche Betätigung die Briefmar-kensammlung, während der Mittelpunktmagnet schreiend Bungee jumpt.

Auch beim fünfzehnten Mal ist es nett, in den bayerischen Alpen Urlaub zu ma-chen, in der Pension Seeblick, da weiß man, was man hat. Zumindest, solange der Be-sitzer der gleiche bleibt. Wenn das Bügeleisen nach 20 Jahren seinen Geist aufgibt, kauft man das gleiche wieder, zumindest vom selben Hersteller. Die Wohnung ist in beige und braun gehalten, da kann man nichts falsch machen, das passt zu allem.

> ### → Aufgabe
>
> *Stellen Sie sich einen Ihrer Kunden vor, der dieser Typologie sehr na-hekommt, und schreiben Sie die entsprechenden „Zauberwörter".*

Auflösung: Die Richtung ist: „lässt sich überall tragen", „kann immer integriert werden", „fügt sich problemlos ein", „unauffällig", „passt immer", „lässt sich mit allem kombinieren", „ist zeitlos", „klassisch" usw.

Everybody's Darling

Interessanterweise ist dieser Kundentyp besonders oft bei Frauen anzutreffen. Sie haben die Neigung, es allen recht machen zu wollen. Das Grundmotiv dahinter ist, dass sie von allen „geliebt" werden möchten, was oft zur Folge hat, dass sie in eine Zwickmühle geraten: Wenn sie es dem einen recht machen, verprellen sie den anderen. Das verhindert jegliche Entscheidungsfindung und führt zu einer Art Blockade.

Everybody's Darling strebt nach Sicherheit, dies aber nicht über materielle Werte, sondern vorwiegend über die liebevolle Beziehung zu den Menschen im Umfeld. Menschen dieses Typs sind meist familienorientiert, engagieren sich in Vereinen, sammeln für die Caritas und reden in der „Wir-Form". In der Regel sind sie angenehme Gesprächspartner, die einen sehr zuverlässigen Eindruck vermitteln. Urlaub machen sie dort, wo die Familie Urlaub machen will, wobei sie sofort in Stress geraten, wenn die Familie sich nicht einig ist (Zwickmühle!). Ihre Kleidung ist eher konservativ, sie passen sich allerdings der Typologie ihrer Umwelt an.

→ Aufgabe

Was glauben Sie: Welche Zauberwörter bzw. Vorgehensweisen sind bei Everybody's Darling hilfreich? Schreiben Sie sie auf:

Auflösung: Gut für Everybody's Darling ist, wenn es allen gefällt, wenn keine Polarisierungen stattfinden, wenn alle glücklich und zufrieden sind, wenn die Kundin allen eine Freude machen kann mit ihrer Entscheidung.

Der Prinzipienreiter

Auf den ersten Blick könnte ein Prinzipienreiter auch eine graue Maus sein. Wenn „man" ab einem bestimmten Alter kein Rot mehr trägt, trägt man eben kein Rot mehr. Da sind klare Regeln im Raum und die gilt es zu beachten. „Es würde mir ja nichts ausmachen, die 20 cm von Nachbars Straße mitzukehren, die gerade noch auf meiner Seite sind, aber ich mache das nicht, hier geht es schließlich ums Prinzip."

Für Prinzipienreiter ist das Prinzip ganz entscheidend. Es ist Orientierungslinie für ihr Handeln, Abweichungen finden darin im Grunde keinen Raum. Prinzipienreiter kennen sich sehr gut aus in rechtlichen Fragen und haben überhaupt ein gutes Allgemeinwissen. An dem orientieren sie sich, das ist ihre Leitlinie. Abweichungen von den einmal geplanten Abläufen schätzen sie nicht, Flexibilität ist kein Thema, sie suchen die Beständigkeit.

Für den Verkäufer ist das nicht einfach, weil dieser Kunde sich im Vorfeld genau über alles informiert. Er kennt die Gewährleistungsfristen, die Zuschussrichtlinien, die Rabattpolitik des Hauses und kann Experten zitieren. Eine gewisse Eitelkeit ist dabei ebenso spürbar wie eine ausgeprägte Skepsis, die mit Intoleranz gepaart ist.

→ **Aufgabe**

Mit welchen Zauberwörtern oder Strategien haben Sie beim Prinzipienreiter eine Chance?

Auflösung: Dem Prinzipienreiter ist es wichtig, dass alle Richtlinien und Regeln eingehalten werden, dass die Rahmenbedingungen stimmen und der Tagesablauf nicht gestört ist. Das Prinzip an sich ist immer ein gutes Argument, Abweichungen und Auffälligkeiten sind dagegen kontraproduktiv.

Der Freiheitsliebende

Dieser Kundentyp ist eine eher seltene Spezies. Es handelt sich um selbstbewusste Individualisten, die wissen, was sie wollen. Sie treten zielsicher und bestimmt auf und es ist kaum vorstellbar, dass sie sich von ihrer Überzeugung abbringen lassen. Sie tun, was ihrer Ansicht nach gut ist, und entscheiden allein aufgrund ihrer eigenen Überzeugung. Sie sind optimistisch, zugleich aber auch realistisch.

→ **Aufgabe**

Welche Zauberwörter fallen Ihnen zu dieser Gruppe von Menschen ein?

Auflösung: Bei diesem Kundentyp hängen die Zauberwörter vom Bedarf und der Erwartung an das Produkt ab. Die Palette reicht von „praktisch", „unkonventionell", „individuell", „zeitlos" bis „maßgeschneidert" und „leicht waschbar".

Win-win-Situation

Diese fünf Kundentypen werden wir später in der Argumentationsphase des Verkaufsgesprächs (Kap. 7.3 und 7.4) noch genauer unter die Lupe nehmen. Denn dort entscheidet sich, ob Sie den Nagel auf den Kopf treffen und den Kunden überzeugen können. Das hat selbstverständlich viel mit Ihrem Fachwissen zu tun, aber eben auch mit der Beziehungsebene. Und um hier zu punkten, brauchen Sie die unterschiedlichen Zauberwörter des Verkaufs – jeweils passend zu der Persönlichkeit des Kunden, mit dem Sie gerade im Gespräch sind.

Nicht gerade das Wort zum Sonntag, dafür aber frei nach Goethe mit seinem Faust: Habe nun, ach! Psychologie durchaus studiert, mit heißem Bemühn ...

„Wozu?", werden wir als Verkäufer gefragt. Um die Menschen über den Tisch zu ziehen? Weil wir sie durchschauen und ihnen dann ein X für ein U vormachen? Nein, das wäre sicher zu kurz gesprungen.

DENN ES GEHT DOCH VOR ALLEM DARUM, DIE BEDÜRFNISSE DER KUNDEN ZU ERKENNEN UND ZU BEFRIEDIGEN. UND DA IST ES HILFREICH, WENN MAN EINEN BLICK DAFÜR HAT, WER VOR EINEM STEHT.

Letztlich können Sie einem Prinzipienreiter mit Freiheiten keine Freude machen. Und die Bedürfnisse der grauen Maus sind nicht dadurch zu stillen, dass Sie grelle Vorschläge machen.

Ein guter Verkäufer hat sein Gegenüber im Blick. Je besser er den Kunden einschätzt, umso besser sein Verkaufserfolg. Und umso zufriedener der Kunde. Eine Win-win-Situation war noch nie wirklich schlecht, oder? Das Bestreben des erfolgreichen Verkäufers ist es, dass sich der Kunde gut fühlt, dass er das bekommt, was er sich wünscht. Und da alle Menschen Wünsche haben, ist es gut, wenn es möglichst viele gibt, die diese Wünsche auch erfüllen wollen. Neben dem Lebenspartner sind das Verkäufer. Wie gut, dass es sie (Sie!) gibt.

3.3 Gesichtskontrolle für schwarze Schafe

Nun sind solche Win-win-Situationen das, was gemeinhin unter nachhaltigem und wertvollem Verkaufen zu betrachten ist. Das hat dann immer mit viel Arbeit zu tun, mit Handwerk und Ehrlichkeit. Es ist aber nicht immer das, was die angehenden und tatsächlichen Verkäufer suchen, wenn sie ein Lehrbuch in die Hand nehmen bzw. ein Seminar besuchen. Im Gegenteil. Sie warten auf die Tipps und Tricks, wie man schnell und ohne viel Aufheben zum Verkaufserfolg kommt. Auch wenn solche Taktiken, wie schon erwähnt, nicht Gegenstand des Buches sind, werden im Folgenden doch eine Reihe von Positionen beleuchtet, mit denen solche angeblichen Verkaufstalente hantieren. Und sei es nur, um aufzuzeigen, dass sie sich damit jede nachhaltige Bindung an den Kunden verderben.

Dabei setzen wir auf zwei Varianten, die in letzter Zeit immer mehr um sich greifen. Beide zeigen, dass dem Einfallsreichtum keine Grenzen gesetzt sind und dass es an jedem Einzelnen liegt, seine persönliche Position in diesem ganzen Kaleidoskop zu finden.

Variante eins hängt mit den Erkenntnissen der Hirnforschung zusammen. Diese Forschungsrichtung beschäftigt sich mit dem komplexesten Organ des Menschen und sie ist noch weit davon entfernt, umfassende Aussagen zu dessen Funktionsleistungen machen zu können.

Andererseits gibt es erstaunlich einfache Erkenntnisse, die das Zusammenwirken von Erkennen, Beobachten, Entscheiden, Überzeugen oder Überreden abbilden. So spricht unser Gehirn auf Dinge an, die wir kennen und es ignoriert, für uns meist unbemerkt, andere. Es erinnert sich an die angenehmen Ereignisse und kann uns erfolgreich darin unterstützen, unliebsame Erinnerungen zu verdrängen. Es hilft uns, neue Welten zu kreieren und die vergangenen in die uns passende Form zu bringen. Es kann uns ein Schnippchen schlagen und Preisschilder ignorieren und es kann interessante Begründungen für unvernünftige Entscheidungen parat halten.

Dem narzisstisch geprägten Mittelpunktmagneten ermöglicht es, in die so genannte Pseudologicaphantastica einzutauchen. Das ist die Umschreibung für krankhaftes Lügen, wobei das Krankhafte weniger die Beständigkeit des Lügens ist, sondern die Tatsache, dass das Gehirn diesen Leuten einflüstert, dass ihre Lügenwolke Realität ist.

In erster Linie aber ist das Gehirn gewohnt, den Weg des geringsten Widerstandes zu gehen – und gleichzeitig zu suggerieren, dass wir selbstverständlich unsere kritische Haltung haben und uns nicht manipulieren lassen. An dieser Stelle setzen dann verstärkt auch diese so genannten Verkaufstricks an. Sie spielen mit dem Wissen, dass das Gehirn unterschiedliche Reiz-Reaktions-Schemata hat, die in etwa so lauten:

→ Wir hinterfragen Behauptungen, aber wie erkennen nicht zwangsläufig alle Behauptungen in einer Aussage.

→ Werden wir gefragt, suchen wir nach einer Lösung, ohne unbedingt immer den Sinn der ganzen Sache zu hinterfragen bzw zu prüfen, ob wir das auch so wollen.

→ Da (Verkaufs-)Entscheidungen immer in einem räumlichen und zeitlichen Kontext stattfinden, lässt sich erkennen, dass sich das Müßiggänger-Gehirn auf ein, maximal zwei Wahrnehmungsfelder beschränkt:

> Ein beliebtes Beispiel: „Ich habe den intelligentesten Hund der Welt, weil der seit seiner Geburt nur „Chappic" isst." Das werden Sie selbstredend so nicht hinnehmen – Sie sind kritisch – und fragen: Wie kommen Sie darauf, dass der Hund so intelligent ist? Wie haben Sie das gemessen und vor allem wie haben Sie ihn mit anderen Hunden verglichen?" Gut gebrüllt, Löwe. Das zeigt wirklich Ihre kritische Beobachtung, denn es gibt Leute, die danach einfach Chappic kaufen – man weiß ja nie.
>
> Trotzdem ergibt dieser „Test" nahezu ausnahmslos: Die Frage, ob ich überhaupt einen Hund habe, fällt nicht. Diese Behauptung wird kritiklos hingenommen. Tatsächlich habe ich keinen Hund, aber ich kenne Verkäufer, die diese so genannte „implizierte Unterstellung" anwenden. Sie leben damit, dass sie keine langfristige Beziehung zu ihrem Kunden aufbauen, sie stehen im Massengeschäft, haben keine oder verdrängen moralische Skrupel, schicken Omas mit übateuerten Heizdecken nachhause und lenken sich damit ab, ihre Einnahmen zu verwalten.

Wenn man Ihnen eine Frage stellt, ist das Gehirn in aller Regel so trainiert, dass es nach Lösungen sucht. Die Alternativfrage (siehe unten) gehört in diese Kategorie. „Zu mir oder zu Dir" – und führt durchaus häufig zum gewünschten Erfolg, der im Grunde unabhängig ist von der Lokalität. Aber auch die Frage: „Was machen Sie mit den 5.000 Euro netto im Monat, die Sie als Berater bei uns verdienen?" gehört in diese Kategorie, denn der Gefragte beginnt gedanklich zu schwelgen in Geld, das er nicht hat – und vermutlich auch nicht haben wird. Aber er versucht, die Frage zu beantworten und vermeidet die Kritik an der (unzulässigen) Prämisse.

> → **Aufgabe**
>
> *Machen Sie ein Pause und fragen Sie sich ganz ernsthaft: Wie bewerte ich solche Vorgehenswesen? Kann ich das mit einem Schmunzeln übergehen und mich über meine eigene Schlauheit freuen oder stößt mich das eher ab? Bewerten Sie das, ohne über die Stornoquoten nachzudenken, die mit solchen Vorgehensweisen immer auch verbunden sind. Es geht nur um Ihre persönliche Einstellung. Es gibt eine ganze Reihe von Menschen, die in diese Richtung denken und handeln. Untersuchungen über die Nachhaltigkeit des Erfolgs solcher Verkäufer gibt es noch nicht.*

Und in diese Kategorie gehört auch die Variante, die Macht der tatsächlichen oder vermeintlichen Autorität einzusetzen. Auch das sind beliebte Instrumente, die viele Rückschlüsse auf die Person des Verkäufers zulassen – womit wir wieder bei der Gesichtskontrolle wären.

Stellen Sie sich die Aussage eines Verkäufers vor: „76,34 Prozent aller Haushalte in Deutschland nutzen diese Form der Kommunikation. Wann gehören Sie dazu?" Nun wenn Sie kein Interesse haben, zu dieser Mehrheit zu gehören, werden Sie relativ unbeeindruckt sein, aber andererseits doch ins Grübeln kommen. Motto: Wenn so viele dazu Zugang haben, kann es ja vielleicht doch nicht ganz so schlecht sein. Solche und ähnliche Gedanken treiben einen dann um, der Verkäufer hat zumindest für Verwirrung gesorgt.

Ganz selten wird dann geprüft, wer die Erhebung mit welchen Methoden und welcher Verlässlichkeit gemacht hat, um auf 76,34 Prozent zu kommen. Da gibt es eine ganz breite Spielwiese. Die reicht von sehr renommierten Instituten bis hin zu selbstgestrickten Umfragen, manchmal sogar zu Fantasiezahlen. Überlegen Sie sich genau, auf welcher Basis Sie mit den Kunden argumentieren möchten.

Die Macht der vermeintlichen Autorität geht in eine ähnliche Richtung. Sehr gerne werden im Verkaufsgespräch Autoritäten ins Boot geholt, die die eigenen Aussagen bestätigen sollen. Dazu werden manchmal Namen eingesetzt, einfach wieder Unterstellungen gemacht. Hier ein paar Beispiele:

Aussage	Intention	Lösung
Wie Sie sicher wissen, ...	Verunsicherung, denn wenn Sie jetzt sagen, dass Sie das nicht wissen, könnten Sie sich eine Blöße geben, zumindest vermeintlich.	Sie sagen, dass Sie das nicht wissen und fragen nach der Quelle dieser Aussage.
Wie jeder weiß....	Verunsicherung. Sie allein wissen es nicht?	Das ist natürlich Quatsch. Wissen ist relativ und es gibt gerade im Verkauf keine derart allgemein gültigen Weisheiten. Widersprechen Sie, geben Sie diese vermeintliche „Wissenslücke" zu.
Die Experten sind sich einig	Da gibt es für Sie als Laie nichts mehr zu widersprechen. Und wehe Sie tun es ...	Tun Sie es. Zu jeder Expertenmeinung gibt es eine komplett entgegengesetzte Meinung.

Die Welt ist komplexer als es Verkaufsgurus vermitteln. Sie arbeiten mit Tricks, die durchaus einfallsreich sind, die mit den Stärken und vor allem den Schwächen der Menschen operieren. Aber sie übersehen dabei gerne, dass auch sie fehlbar und die Menschen in der Lage sind, sich über kurz oder lang von solchen Tricks zu emanzipieren. Das ist die eine Seite.

Die andere ist, dass Sie sich selbst als Verkäufer fragen sollten, ob Sie mit sich und Ihrem Stand zufrieden sind. Wenn Sie mit solchen Tricks arbeiten, können Sie das sicherlich bis ans Ende ihrer Tätigkeit machen, weil es immer junge, unerfahrene, unwissende, naive und gutgläubige Menschen gibt, die sich auf die eigene Seite ziehen lassen. Sie selbst bringt das aber nicht weiter. Sie bleiben in ihrer Entwicklung stehen, weil Sie gar nicht mit Menschen in Berührung kommen, die Sie auch intellektuell herausfordern, die Aussagen im Kern hinterfragen und Sie damit auf eine andere Ebene des Arbeitens und Verkaufens bringen. Auf eine Ebene, in der Verkauf als ein Nutzen bringendes Win-win-Spiel mit Nachhaltigkeitscharakter betrachtet wird.

Erfolg bemisst sich in diesem Sinne auch immer daran, welche Ziele Sie sich selbst gesetzt haben. Schauen Sie in den Spiegel und machen Sie Ihre ganz persönliche Gesichtskontrolle mit den Fragen, welche Ziele Sie erreichen wollen und welche Ziele Sie setzen in Bezug auf den Verkauf.

4 Verkaufsmethoden

4.1 Führen statt plaudern

Sie treffen sich mit einem Bekannten, verbringen einen netten Abend und wissen hinterher einiges, was Sie schon immer gewusst, zumindest geahnt haben. Das ist nett und es ist privat. Wenn Sie geschäftlich unterwegs sind, kann das auch nett sein, aber wenn Sie dieselben Richtlinien wie im privaten Bereich anlegen, haben Sie bereits verloren.

IN GESCHÄFTLICHEN DINGEN GEHT ES NICHT DARUM, ZU PLAUDERN, ES GEHT DARUM, GESPRÄCHE ZU FÜHREN.

Was ist der Unterschied? Nehmen Sie sich ein wenig Zeit für die Antwort. Wenn Sie die Unterschiede noch nicht benennen können, hier ein paar Wegweiser:
- → Wollen Sie Informationen loswerden?
- → Wollen Sie ein Produkt verkaufen?
- → Wollen Sie den anderen für sich gewinnen?
- → Wollen Sie sich unterhalten und eine gute Zeit haben?

„Nett plaudern" heißt Unterhaltung, Klatsch und Tratsch, die Mitteilung von eigenen Befindlichkeiten oder von Empfindungen anderer. Es geht um gegenseitigen Austausch, darum, Neuigkeiten unter die Leute zu bringen.

Leider tun das auch viele Verkäufer. Sie plaudern. Mag sein, dass sie anregende Gespräche führen. Aus Verkäufersicht ist das aber ein wenig mager, denn letztlich fehlen markante Punkte des Verkaufs.

Verkaufen bedeutet:
- → Sie haben ein Ziel.
- → Sie wollen Ihr Gegenüber überzeugen.
- → Sie wollen sie/ihn für sich bzw. Ihr Produkt gewinnen.
- → Sie wollen, dass sie/er Ihnen das Produkt abkauft.

Das heißt: Sie stellen sich darauf ein, Ihr Ziel zu erreichen. Und das Ziel heißt: Ich habe eine Lösung für die Probleme meines Kunden und sollte es schaffen, ihn davon zu überzeugen, dass er bei mir/uns gut aufgehoben ist. Er wird kaufen, weil er merkt, dass er eine gute Wahl trifft.

Je mehr Sie selbst davon überzeugt sind, umso einfacher wird das Ganze für Sie werden. Denn dann sind und wirken Sie glaubwürdig. Mit einer positiven inneren Einstellung, dass Sie und Ihre Produkte bzw. Dienstleistungen für den Kunden gut sind, können Sie punkten.

NUR WER SELBST VON SEINER SACHE ÜBERZEUGT IST, KANN ANDERE ÜBERZEUGEN.

Unterstützend gibt es Methoden, die Sie einsetzen können, um Ihre Position zu verbessern und sich auf der verkäuferischen Überzeugungsskala nach oben zu manövrieren. Sie sind nicht unlauter oder reißerisch. Sie berücksichtigen lediglich die Eitelkeit der Menschen und deren Verhaltensweisen beim Kaufen. Sie berücksichtigen vor allem, dass verkaufen bedeutet: Gespräche führen, nicht nur plaudern.

4.2   Wie übernehme ich die Gesprächsführung?

Gesprächsführung heißt, dass Sie das Heft des Handelns in der Hand haben, dass Sie nicht in die Defensive gelangen, sondern entscheiden, welche Richtung das Gespräch nimmt. Sicher kennen Sie Situationen, in denen Sie geradezu spüren, wie Sie mit dem Rücken zur Wand stehen. Wie der Kunde das Gespräch in eine Richtung lenkt, die Ihnen unangenehm ist oder die Sie um jeden Preis vermeiden wollten. Dann wissen Sie: Ihr Gesprächspartner hat die Führung.

Was macht man in einer solchen Situation? Wie schafft man den Sprung aus der Defensive in die Gesprächsführung? Dazu gibt es eine Reihe von Methoden, die mehr oder weniger moralisch vertretbar sind. Die „Politiker-Methode" kennen Sie alle:

> Ein Journalist stellt dem Politiker vor laufenden Kameras eine Frage und der Zuschauer spürt: Das wird schmerzhaft, das ist unangenehm. Der Politiker bleibt aber gelassen. Er reagiert in etwa so: „Ich finde Ihre Frage wichtig und von großer Bedeutung für das Wohlbefinden unserer Bürger. Lassen Sie mich aber zunächst auf die Ausgangsfrage [wahlweise: die Bemerkung von Frau Tärgel, die aktuelle Situation in Kreuzberg und, und, und] eingehen ..."

Politiker reden über das, was sie sagen wollen. Sie ignorieren mehr oder weniger die Fragen des Gegenübers und lenken das Gespräch in die gewünschte Richtung.

Das kann im Notfall auch für Sie als Verkäufer eine Methode sein, um sich aus unangenehmen Fängen zu befreien. „Was soll das kosten?" Kommt diese Frage zu früh, kann es sein, dass Ihre Felle davonschwimmen, weil Sie noch keine ausreichenden Erklärungen aufgetan haben, um den hohen Preis zu rechtfertigen.

Ob Sie das moralisch gut finden und umsetzen wollen, ist Ihnen überlassen. Auf jeden Fall sichert es Ihnen die Gesprächsführung, denn Sie reden dann eben über die Dinge, die Ihnen wichtig und richtig erscheinen – ganz unabhängig davon, was Ihr Gegenüber fragt oder wissen will.

→ **Aufgabe**

Stellen Sie sich eine Situation vor, in der Sie sich in die Ecke gedrängt fühlen, in der Sie nicht weiterkommen. Sie machen dem Kunden ein Angebot, stellen ihm ein neues Dienstleistungsprodukt vor und der Kunde erklärt: „Das kenne ich, das hat die Firma Mayer auch, das ist doch Humbug. Weiß doch jeder. Das können Sie mir doch nicht ernsthaft anbieten." Das Adrenalin steigt, die Flecken am Hals werden größer …

Was können Sie tun? Formulieren Sie drei Möglichkeiten, was Sie in dieser Situation tun können.

Die normale Reaktion auf die in der Aufgabe beschriebene Situation ist, dass Sie sich rechtfertigen, also in die Defensive geraten. Für einen Verkäufer ist die Defensive aber denkbar ungünstig. Ihr Gegenüber bemerkt das auf jeden Fall – und verstärkt den Druck.

Stimmen Sie zu, dass es in dieser Situation sehr hilfreich wäre, Zeit zu gewinnen? Zeit, um die Gedanken zu ordnen, um sich Argumente einfallen zu lassen und um aus der Defensive wieder in die Offensive zu kommen? Wie Sie das schaffen?

→ **Praxis**tipp

Sie stellen Fragen! „Wer hat Ihnen das erzählt?" – Diese Frage bringt Ihnen Freiräume. Ihr Gegenüber muss nachdenken und eine Erklärung liefern. Das verschafft Ihnen Zeit, um Argumente zu suchen, und bietet die Chance, Ideen und Argumente des Gegenübers aufzunehmen und für das Gespräch zu nutzen.

4.3   Gesprächsführung durch gezielte Fragen

Wer fragt, führt. Das ist eine grundlegende Regel für den Verkaufserfolg. Nur: Frage ist nicht gleich Frage. Die meisten Frageformen haben in unterschiedlichen Etappen des Gesprächs ihre besondere Bedeutung. Und sie sind abhängig vom Anlass. Je nachdem, ob es sich um ein Verkaufsgespräch, eine Reklamation oder eine Einwandbehandlung dreht, sind die Fragen unterschiedlich einzusetzen. Je nachdem, an welcher Stelle des Verkaufsgesprächs Sie sich befinden, werden Sie unterschiedliche Frageformen nutzen.

„Wollen Sie das Collier nehmen?" Der Kunde antwortet: „Nein." Dann ist Ende. Es gibt keine Verschnaufpause mehr, im Gegenteil. Mit dieser Frage haben Sie den schwarzen Peter gezogen, der Verkaufserfolg ist dahin.

Welche Frageformen erlauben es, gegen diese und andere Fallen vorzugehen? Besser noch: Welche Frageformen ermöglichen es, gar nicht erst in die Falle zu geraten?

Offene Fragen

Ein gutes Rezept, um mit dem Kunden ins Gespräch zu kommen, sind offene Fragen. Man spricht auch von W-Fragen, weil dieser Fragetyp mit einem Fragewort beginnt: wer, was, wann, wo, warum ...: „Wieso finden Sie, dass das nicht zu Ihnen passt?" „Wieso glauben Sie nicht an die Wirkung einer solchen Beratung?"

AUF W-FRAGEN KANN KEINER MIT JA ODER NEIN ANTWORTEN. DER KUNDE KOMMT INS REDEN UND GIBT IHNEN DAMIT AUTOMATISCH WICHTIGE INFORMATIONEN.

Geschlossene Fragen

Ja, nein, vielleicht: Das sind die typischen und (semantisch betrachtet) einzig möglichen Reaktionen auf geschlossene Fragen. „Kaufen Sie das?" „Liebst du mich?" Die Antwort wird Ja oder Nein sein. Im besten Fall „Weiß nicht" oder „Lassen Sie uns von vorne anfangen". Dann könnte man ja noch mal anpacken – und vielleicht gewinnen.

Alternativfragen

„Gehen wir zu mir oder zu dir?" – ein Klassiker unter den Alternativfragen. Es ist schwierig, sich diesem Sog zu entziehen. „Wann machen wir den Termin: Passt es Ihnen Donnerstag oder Freitag besser?" Die meisten Menschen beugen sich der Vorgabe; sie stellen nicht mehr das Ganze infrage (Termin – ja oder nein?), sondern wählen eine der vorgeschlagenen Alternativen. Der Punkt geht an den Verkäufer.

Rhetorische Fragen

Rhetorische Fragen haben die Eigenschaft, dass sie eigentlich keiner Antwort bedürfen. Der Fragende kennt die Antwort und erwartet eine entsprechende Reaktion seines Gegenübers. „Wollen wir nicht alle, dass es unseren Kunden gut geht?" „Wollen Sie diese Chance verstreichen lassen?"

Dem Verkaufserfolg ist das nicht sehr zuträglich. Der Kunde ist in der Regel nicht überzeugt, sondern überrumpelt. Er spürt, dass das nicht zu seiner Zufriedenheit gelaufen ist. Diese Frageform ist nur dosiert einzusetzen. Schließlich sind wir seriöse Verkäufer und keine windigen Typen.

Suggestivfragen

Die Steigerung der rhetorischen Frage ist die Suggestivfrage. Der Frager will seinem Gegenüber etwas suggerieren, es so nahelegen, dass er kaum widersprechen kann. „Sind Sie wirklich sicher, dass Ihr Mann nicht die elektronische Variante will?" „Sie haben ja wohl schon den neuen Testbericht gesehen?"

Die Wirkung derartiger Fragen ist abhängig von Ihrem Gegenüber. Menschen, die sich leicht beeinflussen lassen, sind sehr empfänglich dafür, bei Kunden mit Persönlichkeit kann diese Art der Frageform nach hinten losgehen.

Kontrollfragen

Die Kontrollfrage dient der Klärung des Sachverhaltes und der Orientierung. „Habe ich das richtig verstanden: Sie wollen die Lieferung bereits nächste Woche entgegennehmen?" Angenommen, Sie sehen keine Chance, dass das Produkt zu dieser Zeit lieferbar sein wird, können Sie Kontrollfragen auch überspitzt betonen, um dem Kunden zu signalisieren: Das ist keine realistische Annahme. Das bringt Sie dann wieder in den Vorteil, wenn die Lieferzeit problematisch ist.

Nutzwertfragen

Die Nutzwertfrage spielt im Verkauf eine tragende Rolle: „Bei welcher Gelegenheit wollen Sie das Kleid tragen?" „Wie hoch sollte die Kapazität des Druckers sein?" Die Antworten darauf liefern Ihnen die notwendigen sachlichen Informationen.

Gegenfragen

Die meisten der vorgenannten Formen können Sie als Gegenfrage formulieren. Damit legen Sie sich nicht fest, sondern geben den Ball wieder zurück. „Wie meinen Sie das?" – das wäre die offene Variante. „Habe ich Sie richtig verstanden, …" – das ist die Kontrollvariante (siehe Kontrollfrage). Wie auch immer:

DIE GEGENFRAGE DIENT DEM ZEITGEWINN.

→ Aufgabe

Sie haben nun verschiedene Frageformen kennen gelernt. Formulieren Sie mit diesem Wissen im Hinterkopf nun noch einmal ganz gezielt drei Reaktionsmöglichkeiten auf den „Humbug" aus der Aufgabe auf S. 43 und benennen Sie, welche Frageform Sie eingesetzt haben.

Auflösung: „Hat Ihnen das der Wettbewerber gesagt?" (geschlossene oder Gegenfrage), „Haben Sie mitbekommen, dass wir mit unserem neuen Prototyp Testsieger in der Kategorie A wurden?" (geschlossene Frage), „Glauben Sie wirklich, dass wir uns seit 25 Jahren am Markt behaupten könnten, wenn wir Humbug anbieten würden?" (rhetorische Frage), „Es ist nicht unser Stil, über andere schlecht zu reden, wir überzeugen lieber durch Leistung und Qualität. Können Sie sich vorstellen, warum andere Anbieter vorwiegend über den Preis argumentieren?" (rhetorische Frage).

Wir werden die Bedeutung der Frageformen noch einmal intensiv in den Kapiteln 7.1, 7.2 und 8.1 beleuchten. Jede Frageart hat ihre Berechtigung im Verkaufsvorgang, wenn auch nicht jede Frage an allen Stellen und zu jeder Zeit geeignet ist.

Entscheidend ist, dass Sie die vielfältigen Frageformen als eine Art Klaviatur betrachten, auf der Sie spielen können. Grundsätzlich gilt: Je mehr Frageformen Sie einsetzen, desto besser, denn der Wechsel an sich ist positiv.

Fragen sind zielführend. Wenn Sie keine Fragen stellen, kommen Sie nicht an die Informationen, die Sie brauchen, um erfolgreiche Verkaufsabschlüsse zu tätigen.

Behaupten statt Fragen

Eine Variante des Fragens ist das Behaupten. Wir hatten das weiter oben im Zusammenhang mit der Gesichtskontrolle bereits angedeutet. Zu behaupten statt zu fragen ist eine sehr dominante Form der Gesprächsführung. Der andere wird durch Aussagen wie: „Haben Sie nicht gehört, dass Guerilla-Marketing heute zum guten Ton gehört?" Da kann das ungeübte Gegenüber schon ins Schwanken kommen, weil er das nicht gehört hat bzw. – was auch deutlich korrekter ist – bereits vor 20 Jahren von diesem Begriff gehört hat und deshalb keine akute Besonderheit erkennt.

Aber wer wagt schon eine solch gravierende Gegenrede? Dabei ist die Suggestivwirkung solcher Behauptungen beachtlich.

➜ *Praxis*tipp

Sie sollten dieses Mittel – wenn überhaupt – nur mit Bedacht einsetzen. Die manipulative Kraft ist immens. Und damit steht auch wieder Ihre moralische Disposition an dieser Stelle auf dem Prüfstand.

4.4 Zauberformulierungen

Es gibt Wörter und Wendungen, die sich nicht für den Verkauf eignen. „Nein, niemals" gehört ebenso dazu wie die Aussagen „Sie müssen", „Das geht nicht", „Da sind Sie bei mir falsch", „Das gibt es hier leider nicht", „Das können wir Ihnen natürlich nicht bieten", „Bei uns gibt es nur Pils", „Das müssen Sie verstehen".

Sie können die Unwörter förmlich greifen: Nein, nicht, nur, falsch, leider, müssen ... Da kommt unweigerlich Kauflaune auf, oder? (Rhetorische Fragen erfordern keine Antwort ...)

Es gibt seriöse Untersuchungen, die zeigen, dass mit negativen Begriffen kein Staat an der Verkaufsfront zu machen ist. Im Gegenteil: Einkaufen muss ein Event sein, ein einmaliges Erlebnis, das den Kauf selbst in den Hintergrund und die Verkaufsumgebung in den Vordergrund rückt.

Die großen Unternehmen sind längst bei Offensiven nach dem Motto „Geht nicht, gibt's nicht!" oder „Nichts ist unmöglich" angelangt. Das sind die Zauberwörter, die sich auf den Werbeplakaten der Firmen finden, leider nicht immer in den Köpfen der Mitarbeiter. Stellen Sie sich folgende Situation vor:

> Sie sind an Bord eines deutschen Flugzeugs. Neben Ihnen sitzt eine junge Mutter mit einem unruhigen Baby, das sich auch von der mitreisenden Oma nicht beruhigen lässt. Die Mutter wird immer nervöser und

> versucht mit akrobatischen Übungen, das Kind zu beschäftigen. Während dessen macht der Steward nach dem Start seine Runde, schaut nach rechts und links und erklärt der Mutter: „Sie müssen sich während des Fluges anschnallen. Dazu sind Sie verpflichtet." Punkt. Die junge Mutter schaut erstaunt bis entsetzt, sie schnallt sich natürlich an.

Da fühlt man sich als Kunde richtig wohl, oder? Lassen Sie uns die Perspektive umdrehen, solche Vorschrift-Sätze vermeiden und nach Formulierungen suchen, mit denen man erfolgreich auf der Verkäuferbühne bestehen kann.

Sie sind verpflichtet, angeschnallt zu sein. Das ist die inhaltlich korrekte Sachebene. Worum geht es auf der Beziehungsebene? Warum wurde diese Vorschrift erlassen? Hätte sich der Steward diese Hintergründe bewusst gemacht, wären ihm Zauberformulierungen eingefallen wie diese:

„Bitte bleiben Sie auch während des Fluges angeschnallt. Das dient Ihrer eigenen Sicherheit, vor allem weil Sie das Baby dabeihaben. Sollten Sie Unterstützung brauchen, weil die Kleine unruhig ist, geben Sie mir ein kurzes Zeichen, ich komme sofort."

Spüren Sie den Unterschied? So wird aus einer Vorschrift Fürsorge. Die Sicherheit von Mutter und Kind, ja sogar die Entlastung der Mutter stehen im Vordergrund und geben ihr – und den Mitreisenden – ein gutes Gefühl. Sie sehen:

SOGAR EIN „MUSS" KANN ZUR POSITIVEN ERFAHRUNG FÜR DEN KUNDEN WERDEN, VORAUSGESETZT, DIE FORMULIERUNG STIMMT UND DER VERKÄUFER VERSCHANZT SICH NICHT HINTER DEN VORSCHRIFTEN, UM DISKUSSIONEN ZU ENTGEHEN.

Manchmal gibt es allerdings Sachzwänge, die erfordern, dem Kunden eine „Absage" zu erteilen. Er hat ein Anliegen und erwartet eine Antwort von Ihnen. Die können Sie ihm nicht geben, weil das nicht Ihr Kompetenzbereich ist. Sie reagieren deutlich: „Dafür bin ich nicht zuständig, das macht mein Kollege."

Hand aufs Herz: War das eine Antwort auf das Anliegen des Kunden? Auf der Sachebene haben Sie Recht, weil Sie dem Kunden nicht wirklich kompetent antworten können. Aber wie sieht es mit der Beziehungsebene aus?

Bitte geraten Sie nicht in Stress, weil Sie glauben, die Erwartungen nicht erfüllen zu können. Dieser Stress ist häufig die Quelle von Fehlverhalten. Keiner kann erwarten, dass jeder im Unternehmen auf jede Frage eine Antwort hat. Vermutlich tut das auch niemand. Achten Sie in diesem konkreten Fall immer darauf, was der Kunde will. In den meisten Fällen ist das eine Lösung seiner Fragen und Probleme. Die Zuständigkeiten in Ihrem Unternehmen, um bei unserem Beispiel zu bleiben, interessieren ihn dabei so ungefähr überhaupt nicht. Der Wert dieser Information geht für den Kunden gegen Null. Ein souveräner Umgang mit dem Kunden und der Situation sieht ganz anders aus.

➜ *Praxis*tipp

Wenn Sie erkennen, dass Sie auf der Sachebene dem Kunden nicht wirklich weiterhelfen können, konzentrieren Sie sich auf die Beziehungsebene und den souveränen Umgang mit dem Kunden

„Ich kümmere mich persönlich um Ihre Angelegenheit" – so könnte eine Alternative aussehen. Sie zeigen Anteilnahme, Sie behaupten nicht, selbst die Kompetenz zu haben, aber Sie signalisieren, dass Sie sich der Sache annehmen, den Vorgang begleiten und im Sinne des Kunden zu Ende bringen. Lesen Sie das folgende Negativbeispiel:

> Sie befinden sich am Quick-Check-in einer deutschen Fluggesellschaft. Ihre Frau begleitet Sie auf der Reise, alles ist gebucht. Der Check-in-Automat teilt Ihnen mit, dass Sie akzeptiert sind. Nachdem der Koffer eingecheckt ist, wird ein Ticket ausgedruckt, das zeigt, dass der Eincheckvorgang beendet ist. Für Ihre Frau ist kein Platz mehr. Entschlossen, aber noch ruhig wenden Sie sich an die Experten der Fluggesellschaft, die vereinzelt zur Verfügung stehen. Der Experte prüft und kommentiert: „Da kann ich Ihnen nicht helfen, das ist Ihr Problem. Stellen Sie sich an der Schlange dort hinten an."

Die Inkompetenz des Experten auf der Sachebene bedarf keines weiteren Kommentars. Aber er ist auch auf der Beziehungsebene ausfallend geworden. Die Kommunikation war in jeder Hinsicht niederschmetternd für den Kunden. Ob er in diesem hart umkämpften Flugmarkt noch einmal bei dieser Linie bucht? Und vor allem, wem wird er von diesem Vorfall berichten?

VERKAUF VERSTANDEN ALS BEFRIEDIGUNG VON KUNDENBEDÜRFNISSEN, IST NICHT AUF DEN VERKÄUFER AM SCHALTER REDUZIERT. JEDER EINZELNE IM UNTERNEHMEN KANN MEHR VERDERBEN ALS DIE GESAMTE VERKAUFS- UND MARKETINGABTEILUNG AUFBAUEN KANN.

4.5 Was tun bei Irritationen und negativen Entwicklungen?

Was Sie vermutlich bis hierher herausgehört haben, ist, dass der Kunde im Brennpunkt aller Bemühungen steht. Ob wir so weit gehen wollen, den Kunden als König und uns dann konsequenterweise als Lakaien zu bezeichnen, werden wir noch diskutieren. An dieser Stelle sollten wir uns mit einem scheinbaren Paradox auseinandersetzen. Es besteht darin, dass wir vor allem in kritischen Situationen in erster Linie über uns selbst reden sollten, wenn wir dem Kunden etwas mitteilen wollen. Er steht im Scheinwerferlicht und wir reden über uns?

Diese so genannte Ich-Form des Verkaufs hat zahlreiche Vorteile und ermöglicht es Ihnen, Irritationen und negative Entwicklungen auf sich selbst zu beziehen. Und dann wird auch klar, warum das nur scheinbar paradox ist.

Sie erklären dem Kunden im Brustton der Überzeugung – und vielleicht haben Sie ja sogar Recht: „Sie haben mich nicht richtig verstanden!" Was meinen Sie, wie fühlt er sich? Gut? Oder eher abgewatscht? Entscheiden Sie selbst, denn die Alternative könnte zum Beispiel lauten: „Oh, da habe ich mich wohl nicht richtig ausgedrückt." Der Unterschied ist deutlich:

→ *Praxis*tipp

Wenn es unser Ziel ist, etwas zu verkaufen, sollten wir tunlichst vermeiden, dem Kunden Vorwürfe zu machen, ihn abzuwatschen und ihn mit seiner eigenen Unzulänglichkeit zu konfrontieren.

Selbst wenn der Verkäufer mit seiner Ansicht Recht hat: Hat er damit irgendetwas erreicht? Vermutlich hat er sich selbst aus der Schusslinie genommen und kann einen „Schuldigen" benennen. Die Konsequenz ist, dass er jetzt auch selbst keinen „Schuss" mehr absetzen kann. Verkauf: Fehlanzeige.

→ Aufgabe

Notieren Sie für die folgenden Aussagen jeweils eine Alternativformulierung, die dem Kunden auf der Beziehungsebene ein gutes Gefühl gibt, auch wenn Sie nur wenig Sachkenntnis haben.

1. Das habe ich doch gerade gesagt."

_____

2. Ihre Unterlagen sind nicht hier."

_____

3. Das ist doch nicht meine Schuld."

_____

4. So schlimm ist das nun auch wieder nicht."

_____

5. Dazu kann ich Ihnen auch nichts sagen."

_____

6. Dieses Produkt hat lange Lieferzeiten."

_____

7. Heute klappt das nicht mehr."

_____

8. Wir haben nur Pils oder Weißbier."

_____

Auflösung: 1. „Schön, dass Sie sich so viel Zeit nehmen und mir zuhören."; 2. „Ich hole auf der Stelle Ihre Unterlagen. In der Zwischenzeit darf ich Ihnen einen Espresso bringen?" (oder: „Darf ich Sie in ein paar Minuten zurückrufen?"); 3. „Sie können sich darauf verlassen, dass die Sache erledigt wird."; 4. „Entschuldigen Sie bitte, das war wohl ein Versehen unsererseits."; 5. „Das bringe ich gerne für Sie in Erfahrung."; 6. „Zurzeit wird dieses Produkt stark nachgefragt. Wir liefern aber trotzdem bereits in drei Wochen."; 7. „Das erledige ich sofort Anfang nächster Woche."; 8. „Gerne bieten wir Ihnen die bayerische Spezialität Weißbier ebenso wie ein fassfrisches Pils."

Was Sie sicherlich bemerken, ist, dass Sie mit derartigen Formulierungen nichts Unlauteres tun. Sie versuchen lediglich, aus einer suboptimalen Situation das Beste herauszuholen und dem Kunden das Gefühl zu geben, dass seine Wünsche erfüllt werden.

Darum geht es letztlich, denn wir sollten versuchen, Stimmung und Atmosphäre positiv zu halten. Wir können das tun, indem wir Verständnis signalisieren, indem wir uns mit dem Kunden solidarisieren und indem wir ihm schmeicheln. Hier ein paar Anregungen, wie sich das darstellen lässt:

→ Verständnis: „Das kann ich gut verstehen." „Das war bestimmt nicht einfach für Sie."

→ Übereinstimmung: „Das stimmt, das habe ich auch so gesehen." „Da bin ich ganz Ihrer Meinung." „Das finde ich gut."

→ Lob: „Ihre Ausdauer/Disziplin/… möchte ich haben!" „Ihr Geschmack ist außergewöhnlich."

→ Aufgabe

Bitte notieren Sie ein paar weitere Formulierungen, die Verständnis, Übereinstimmung oder Lob ausdrücken, ohne dass der Kunde den Eindruck hat, Sie schmieren ihm Honig um den Bart.

Entscheidend ist, dass Sie dem Kunden ein gutes Gefühl geben. Das funktioniert nicht, wenn Sie ihn maßregeln oder ihm zu verstehen geben, er habe keine Ahnung. Sicher haben Sie die höhere Fachkompetenz, wissen mehr über die Produkte und sind näher an einer Lösung für das Kundenproblem als er selbst. (Apropos: Würde ich nicht in Zauberwörtern denken, hätte ich vielleicht geschrieben: Hoffentlich haben Sie wenigstens mehr Fachwissen, wenn Sie schon auf der Beziehungsebene versagen ...)

Aber gut, Sie haben das Fachwissen natürlich und es gelingt Ihnen viel einfacher zu verkaufen, wenn Sie die Beziehungsebene nicht aus dem Blick lassen. Zauberwörter helfen Ihnen dabei (siehe Kap. 4.4). Und Klarheit in der Aussage.

4.6   Mit klaren Formulierungen zum Verkaufserfolg

Lassen Sie sich folgenden Satz auf der Zunge zergehen: „Eigentlich ist das eine sehr tragbare Kombination." Ist das nicht das Gegenteil einer klaren Aussage? Die Gegenfrage liegt schließlich auf der Hand: „Und uneigentlich?"

„Man sollte das nicht auf die leichte Schulter nehmen!" „Frau auch nicht?" Sorry, wenn Ihnen das überspitzt vorkommt, aber ist „man" nicht das Gegenteil von Individualität, Personifizierung und Präzision? Wer, bitte schön, ist „man"? All das sind so genannte Unschärfemarkierer, die den Inhalt einer Aussage relativieren und die den Effekt haben, dass der Adressat der Aussage wenig Greifbares und Verlässliches erfährt. Das wirkt unpersönlich und oft abschreckend und gefährdet den Verkaufserfolg.

Einen ähnlichen Effekt hat der Konjunktiv. „Sie könnten auch zwei Schals nehmen." Oder eben nicht. Was genau soll der Kunde mit einer solchen Aussage anfangen? Letztlich springt ihm die Unsicherheit des Verkäufers entgegen.

> → **Aufgabe**
>
> *Versuchen Sie sich darin, Klarheit für Ihre Produkte und zu Ihren Produkten zu zeigen. Ersetzen Sie den Satz: „Mit diesem Besen käme man in jede Ecke." Suchen Sie drei klare Aussagen.*
>
> **Auflösung:** „Mit diesem Besen kommen Sie problemlos auch in die hinterste Ecke."; „Mit diesem Besen holen Sie das letzte Staubkorn aus der verwinkeltsten Ecke."; „Nehmen Sie diesen Besen in die Hand, Sie merken schon, dass er Sie zum Staub hinführt." Lassen Sie Ihrer Fantasie freien Lauf, aber achten Sie auf Klarheit.

„Eigentlich ist man ganz zufrieden mit diesem Produkt." Welche Begriffe stören Sie daran? „Eigentlich" und „man"? Genau, denn das sind die Unklarheitsfaktoren. Lassen Sie sie daher weg. Besser: Verbannen Sie sie aus Ihrem Wortschatz und ersetzen Sie sie durch andere Formulierungen. Arbeiten Sie daran, als Verkäufer mit Profil und sicheren Aussagen wahrgenommen zu werden.

→ Aufgabe

Ersetzen Sie die folgenden unpräzisen Aussagen durch klare, kundenorientierte Formulierungen.

1. Eigentlich ist man ganz zufrieden mit diesem Produkt.

2. Sie könnten auch zwei Schals nehmen.

3. Sie könnten davon profitieren.

4. Prinzipiell könnte das gehen.

5. Wir würden dabei eventuell helfen.

6. Vielleicht gibt es noch einen Artikel dieser Art im Lager.

Auflösung: Ein paar Anregungen: 1. „Unsere Kunden sind mit dem Produkt durch die Bank sehr zufrieden. Werfen Sie einen kurzen Blick in unsere Referenzliste.“; 2. „Schauen Sie, wenn Sie zwei Schals zum Wechseln nehmen, haben Sie die Frage, ob Blau oder Rosa, ganz einfach geklärt. Dann können Sie jeden Morgen entscheiden, wonach Ihnen der Sinn steht, und alles passt zu allem.“; 3. „Sie profitieren davon, aber auch Ihre Kinder und vor allem Ihr Mann werden sich freuen, wenn Sie mit dieser Markise am Samstag die Sportschau einläuten.“; 4. „Selbstverständlich werden wir das für Sie möglich machen.“; 5. „Es ist Teil unserer Service-Leistungen, dass wir Sie beim Einbau unterstützen.“; 6. „Ich prüfe schnellstmöglich, ob dieser Artikel im Lager ist. Falls nicht, bestelle ich Ihnen das umgehend. Dann können wir in zwei Tagen liefern.“

Verkaufstechnik im Überblick

Im Rahmen der Verkaufstechnik beschäftigen wir uns in den Kapiteln 5 bis 8 mit dem Prozess des Verkaufsgesprächs. Dabei geht es z.B. um die Frage, wie die Struktur des Gesprächs aussieht, welche Prozesse ablaufen und was zu welchem Zeitpunkt zweckmäßig ist.

Sie werden feststellen, dass die einzelnen Stufen unterschiedlich ausgeprägt sein können. So ist z.B. bei einem Stammkunden die Kontaktphase sicher anders als bei einem Laufkunden. Die Gewichtung mag also variieren, aber gewiss ist, dass man in jedem Verkaufsgespräch die einzelnen Positionen durchläuft. Dem (Schein-)Argument „Bei uns läuft das ganz anders" lassen Sie am besten gar keinen Raum in Ihren Gedanken. Spätestens wenn Sie die hier vorgestellten Tipps zwei Wochen lang konsequent eingesetzt haben, werden Sie a) erkennen, dass die Gespräche so laufen wie hier beschrieben, und Sie werden b) zugeben, dass Sie mit dem Autofahrer-Syndrom konfrontiert sind: Die Prozesse laufen meist unbewusst ab, aber sie tun es.

Nur wer sich den Ablauf bewusst macht, kann an den einzelnen Schrauben drehen und positive Veränderungen herbeiführen.

1. Mentale Vorbereitung
Achtung Kunde; Ziel aktivieren: „Wir wollen verkaufen!" Sobald der Kunde den Laden betritt, gehört ihm die volle Aufmerksamkeit.

2. Kontaktphase
Das Eis brechen, dem Kunden das Gefühl geben, willkommen zu sein, Smalltalk führen, um ihn in ein Gespräch zu verwickeln; Zeit für offene Fragen.

3. Fragephase
Möglichst viele Informationen vom Kunden holen: mit offenen Fragen bei gut informierten Kunden, mit geschlossenen Fragen beim unsicheren Kunden.

4. Argumentationsphase/Beratung
Wir beginnen mit der eigentlichen Beratung. Wir bieten dem Kunden ein, zwei Produkte an und erklären ihm, warum genau die für ihn gut sind.

5. Abschlussphase
Der Kunde ist informiert und gut beraten. Jetzt darf er gerne kaufen. Dazu nutzen wir Alternativfragen: „Was darf ich einpacken: Sesam oder Mohn?"

6. Kognitiver Dissonanzabbau

Wir bestätigen dem Kunden, dass er eine gute Entscheidung getroffen hat. Damit reduzieren wir die Kaufreue und vermeiden Stornos.

7. Mentale Nachbearbeitung

Fragen Sie sich nach jedem Gespräch: Was ist gut gelaufen, was war nicht so perfekt? Denken Sie daran – nur Übung macht den Meister.

Gesprächsleitfaden

7. Nachbearbeitung
6. Kognitiver Dissonanzabbau
5. Abschlussphase
4. Argumentationsphase
3. Fragephase
2. Kontaktphase
1. Mentale Vorbereitung

Mag sein, dass Sie sich hier und jetzt eine Liste mit ein paar Zauberfloskeln wünschen. Formulierungen, die standardmäßig Gültigkeit haben und mit denen man immer richtig liegt. Das ist leider schwierig, vermutlich gar nicht realisierbar. Sie fragen, warum? Immerhin existiert ja eine Negativliste mit Wörtern wie „nein", „niemals", „geht nicht" usw. Da könnte es doch auch eine Positivliste geben.

In der Tat könnte man auf diese Liste z.B. folgende Wörter setzen: „gern", „sehr gern", „gut", „jederzeit", „immer", „danke". Zugegeben: Es schadet nicht, solche Wörter einzusetzen, aber sie sind so weit im Normalbereich, dass sie noch keine Zauberkraft entwickeln. Das braucht noch andere Kaliber.

Denken Sie an Aussagen wie: „bequem", „praktisch", „unverwüstlich", „modern", „ausgeflippt", „allgemein gern genommen", „passt zu allem", „sticht aus der Menge heraus", „ist vielfältig einsetzbar", „macht Furore", „pflegeleicht". All das können Zauberwörter sein. Aber sie sind es nicht durchgängig.

Welche Wörter wirken positiv auf Sie und bei welchen stellen sich Ihre Nackenhaare auf? Sicher finden Sie noch weitere Positionen, die Sie nerven – und die deshalb Ihnen gegenüber niemals als Verkaufsargument dienen würden. Bei anderen aber schon.

REZEPTE SIND ALSO SCHWIERIG, WEIL DIE ZAUBERWÖRTER IMMER VON DEM KUNDENTYP ABHÄNGIG SIND, MIT DEM SIE ES GERADE ZU TUN HABEN.

Wir hatten diese Zuordnung bereits im letzten Kapitel bearbeitet. Wer nach Sicherheit strebt, will keine ausgeflippte Kleidung. Und Everybody's Darling wird kein Produkt nehmen, das polarisiert.

5 Verkaufstechnik I: Mentale Vorbereitung

Sie haben das passende Kleid oder Kostüm, den passenden Anzug oder wahlweise auch Jeans an, Sie fühlen sich wohl. Sie sind für alles bereit. Wirklich für alles? Auch für den Kunden? „Kommt darauf an", ist eine häufige Antwort. Meist kommt es darauf an, wie konzentriert Sie gerade an Ihrer aktuellen Aufgabe sitzen, was Sie sich für den Tag vorgenommen haben, ob Sie Spaß haben an dem, woran Sie gerade arbeiten, oder ob Sie für jede Abwechslung dankbar sind.

Ist dieser Zufall etwa ein gutes Programm, um einen Kunden zu gewinnen? Natürlich ist das eine Suggestivfrage, also sparen Sie sich die Antwort. Was aber sind die Konsequenzen? Wie fühlt sich der Kunde? War und ist diese Reaktion unserem Ziel, dem erfolgreichen Verkauf, dienlich? Dazu sind drei Faktoren entscheidend:

→ Gelingt es, den Kunden auf diese Weise wertzuschätzen, wenn er mit uns in Kontakt tritt?
→ Gelingt es uns, uns auf das Gespräch einzustellen?
→ Gelingt es, das Ziel, den Verkauf, vor Augen zu haben?

Im Alltag des Geschäftslebens ist das immer einfacher gesagt als getan. Aber nichts ist ja bekanntlich unmöglich. Wie also rüsten Sie sich innerlich für Ihren Verkaufserfolg?

5.1 Luft holen und die richtige Haltung einnehmen

Eine bewährte Technik ist das tiefe Durchatmen. Atmen Sie kräftig durch, bevor Sie den Hörer abnehmen oder wenn der Kunde den Laden betritt. Das befreit Ihren Kopf von anderen Gedanken und ermöglicht Ihnen, sich auf das kommende Gespräch einzustellen und dem Kunden nun die ungeteilte Aufmerksamkeit zukommen zu lassen.

So, bitte probieren Sie das gleich aus. Atmen Sie langsam kräftig ein und schwungvoll wieder aus. Machen Sie das drei-, vier-, fünfmal. Setzen Sie sich Ziele:

→ Ich will den Kunden überzeugen.
→ Ich will, dass er sieht, wie gut unsere Angebote sind.
→ Ich will, dass er sich während des Gesprächs mit mir gut fühlt.

→ Aufgabe

Die Liste lässt sich weiterführen. Was fällt Ihnen dazu ein? Wie stimmen Sie sich auf den Kunden ein? Schreiben Sie es auf, es ist Ihr persönlicher „DNA-Abdruck" der Eigenmotivation.

Machen Sie sich bewusst: Nett plaudern können Sie am Abend mit Freunden. In diesem Moment zeigt sich, dass der Rest des Unternehmens gute Arbeit geleistet hat, weil der Kunde mit uns in Kontakt tritt. Und es ist an Ihnen, die Sie die Oberfläche eines mehr oder weniger großen Konglomerats von Menschen in Ihrem Unternehmen darstellen, diese Leistung zu rechtfertigen. Das ist Ihr Job als Verkäufer. Eine große Aufgabe.

Was passiert häufig in der Realität?
- → Der Ladenverkäufer bemerkt den Kunden, muss nur schnell die Verpackung ins Lager bringen ...
- → Drei Verkäufer stehen zusammen und haben wichtige Dinge zu besprechen ...
- → Das Telefon wird abgehoben und es kommt eine unwirsche Ansage: „Ja, Bauer hier ...“

Wenn wir die Verkäufer darauf ansprechen, kommen ganz schnell Erklärungen und/oder Rechtfertigungen. Motto: Ich arbeite schließlich, räume die Sachen auf, spreche mich mit den Kollegen ab. Und welche Vermeidungsstrategie haben Sie, um Ihr Gewissen zu beruhigen und gleichzeitig dem Kunden aus dem Weg zu gehen?

Ihr Unternehmen hat einen neuen Verkaufsleiter eingestellt und ihm gleich drei Außendienstmitarbeiter an die Hand gegeben. Die vier sollen mit dem Rest der Vertriebsmannschaft den Umsatz wieder nach vorne bringen. Denn der ist in den letzten vier Jahren deutlich nach unten gerutscht. Wird der Trend nicht gestoppt, bleiben Entlassungen nicht aus. Der Unternehmer hat in neues Personal investiert, die Marketingabteilung hat ein größeres Budget für Werbung bekommen, und das alles zu dem Zweck, die Kunden in die Läden zu locken. Mit Erfolg? Nun, das entscheidet letztlich natürlich der Kunde. Kommt er oder kommt er nicht?

Er kommt. Er ist da. Er betritt den Laden. Super. Der Verkäufer hinter der Theke freut sich auch. Alles roger. Kunde ist da, Verkäufer will auch nur noch kurz seinen Job fertig machen. Woran immer er gerade arbeitet. Das kann sein: Semmeln auf das Backblech legen, die Fräse in die Werkstatt bringen, die Telefonnummer in das Kontaktformular eintragen, die Etiketten ins Büro tragen, das Gespräch mit der Kollegin noch kurz weiterführen, was auch immer. Hallo!? Der Kunde ist da! Marketing, Personal, Unternehmensleitung haben ihr Ziel erreicht. Und wir haben in diesem entscheidenden Moment etwas „Wichtigeres“ zu tun, als uns um den Kunden zu kümmern?!

Was kann wichtiger und dringender sein, als nun den Kunden zu empfangen und ihm das Gefühl zu geben, willkommen und am rechten Ort zu sein? Fallen Ihnen Gründe ein? Wenn Sie mehr als zwei finden, die wirklich stichhaltig sind, schicken Sie mir bitte eine E-Mail. Denn dann handelt es sich garantiert um eine Fehlorganisation in Ihrem Unternehmen.

ES KANN NICHT SEIN, DASS ES WICHTIGERES ALS DEN KUNDEN GIBT – FÜR SIE, DIE SIE DIE OBERFLÄCHE EINES UNTERNEHMENS DARSTELLEN – EINES UNTERNEHMENS, DAS TÄGLICH DEN KAMPF UM KUNDEN UND UMSATZ ZU BESTEHEN HAT.

Also was bleibt als grundlegendes Thema? Absolute und uneingeschränkte Aufmerksamkeit für den Kunden, der nichts Geringeres als das Ziel aller unternehmerischen Anstrengungen ist.

5.2 Zielorientierte Aufmerksamkeit – das A und O im Kundenkontakt

Wenn ein Kunde den Laden betritt, sollten wir uns ihm ohne Zeitverzögerung und voll und ganz zuwenden. Etwa das Gegenteil einer Bedienung im Restaurant, die auch auf unser heftigstes Winken und Rufen mit Missachtung reagiert.

➜ *Praxis*tipp

Betrachten Sie den Kunden als das Ergebnis einer langwierigen und kostspieligen Marketingkampagne. Und wertschätzen Sie ihn entsprechend.

Nicht immer erscheint der Kunde persönlich. Manchmal meldet er sich auch telefonisch. Nicht selten wirkt er dann als Störenfried. Sie wollen gerade die letzten drei Punkte auf dem Formular ausfüllen – und es klingelt, dieses Telefon. Sie wollten endlich zur Toilette gehen – und es klingelt trotzdem. Sie sind auf dem Sprung zu einer Besprechung – und es klingelt. Verständlich, wenn man dann das eine oder andere Mal genervt klingt.

Nur: Was kann der Kunde dafür? Kennt er Ihren Zeitplan? Hoffentlich nicht. Im Gegenteil, am Telefon gilt das gleiche Prinzip wie im persönlichen Kontakt.

DER KUNDE IST DA, ER MELDET SICH UND ER HAT UNSERE VOLLE AUFMERKSAMKEIT VERDIENT. DENN ALLES, WAS WIR SONST ZU ERLEDIGEN HABEN, DIENT DOCH LETZTLICH NUR DEM ZWECK, ES AN DIE FRAU / DEN MANN ZU BRINGEN.

Warum also nicht gleich. Nutzen Sie das Klingeln des Telefons als Signal. Ein Signal, das bei Ihnen folgenden Prozess einleitet: Durchatmen. Volle Konzentration auf das Gespräch.

Aber wir sind natürlich nicht dazu da, uns lediglich um das Wohlbefinden des Gegenübers zu kümmern. Wir sind Verkäufer. Ganz gleich, ob am Telefon oder im persönlichen Kontakt: Es gilt, unsere Ziele zu verfolgen.

Unser Ziel als Verkäufer: Der Kunde soll zufrieden sein, er soll mit hohem Einverständnis die Produkte kaufen, die wir ihm anbieten. Und zwar möglichst viele. Es ist wichtig, dass wir ihn im Moment seines Auftretens als Partner wahrnehmen, mit dem zusammen wir ein Win-win-Ergebnis erzielen wollen. Das ist unser Job. Und es gehört zur Vorbereitung auf den Kunden, dass wir uns das kurz bewusst machen.

5.3 Vorabinformationen sammeln und parat haben

Wenn Sie selbst einen Kundentermin vereinbaren, haben Sie es einfacher, sich auf den Kunden einzustellen. Gleichzeitig haben Sie aber auch eine größere Verpflichtung, das zu tun. Sobald Sie wissen, mit wem Sie es zu tun haben werden, sollten Sie sich schlaumachen und prüfen, was Sie erwartet. Gehen Sie in solche Gespräche nie unvorbereitet hinein.

→ *Check*liste
Vorbereitung auf den Kunden I

- ⊘ Machen Sie sich bewusst, was Sie erreichen wollen.
- ⊘ Besorgen Sie sich so viele Informationen über den Kunden wie möglich.
- ⊘ Vergleichen Sie Ihre Ziele mit den möglichen Zielen des Kunden.
- ⊘ Suchen Sie gezielt nach Argumenten und Einwänden, die der Kunde vorbringen könnte.
- ⊘ Stecken Sie die Besprechungsthemen für sich selbst ab.
- ⊘ Legen Sie für sich fest, welche Zugeständnisse Sie ggf. machen können oder wollen.
- ⊘ Überlegen Sie sich, welche Rabatte und Sonderkonditionen Sie geben können.

All das, was Sie der oben stehenden Checkliste entnehmen können, ist im Vorfeld des Gesprächs zu klären. Idealerweise machen Sie sich dazu auch entsprechende Notizen.

Ihre Vorbereitung ist das A und O der weiteren Verhandlung. Je mehr Informationen Sie haben, desto einfacher können Sie den Spielraum Ihres Gegenübers einschätzen. Bei Kunden, die Sie bereits kennen, ist die Qualität Ihres Wissens selbstverständlich abhängig davon, wie Sie Daten sammeln und pflegen. Das ist maßgeblich.

Bei neuen Kunden lohnt ein Blick ins Internet, eine Recherche zur Marktposition und eventuell zur finanziellen Situation des Unternehmens. Jede einzelne Information bringt Sie in der Verhandlungssituation näher an die Poleposition. Also sammeln Sie möglichst viel an.

Wenn Sie sich auf ein Verkaufsgespräch vorbereiten, sollten Sie nicht nur Informationen über den Kunden sammeln, sondern natürlich auch eine eigene Profilbeschreibung des Unternehmens, der Produkte bzw. der Dienstleistungen parat haben. Folgende Fragen können Ihnen dabei helfen:

→ Was unterscheidet uns von den Wettbewerbern? Was ist unser Alleinstellungsmerkmal?

→ Welche Stärken haben wir – und welche Schwächen?

→ An welcher Stelle haben wir deutlich Vorteile gegenüber dem Wettbewerber, wo treten evtl. Nachteile auf, die uns das Verkaufsgespräch erschweren können?

→ Wo sind wir preislich angesiedelt im Vergleich zu den anderen? Wenn wir teurer sind, gibt es dafür sicher gewichtige Gründe, die auch entsprechend transparent zu machen sind.

→ Haben wir Alternativen und Verhandlungsspielräume? Können wir Skonti einräumen, Rabatte geben?

→ Gibt es die Möglichkeit, (Service-)Pakete zu schnüren, unterschiedliche Angebote miteinander zu kombinieren?

→ Kenne ich alle FAQs und kann ich sie flüssig und überzeugend beantworten?

Hilfreich ist, wenn Sie ein Profil erstellen, das mögliche Vor- und Nachteile des Angebots Ihres Unternehmens auflistet – und Ihren Betrieb in eine Vergleichsposition mit den Wettbewerbern bringt. Dann sind Sie vermutlich auf die meisten Argumente vorbereitet. Zumindest wird Sie keine Aussage des Kunden schrecken. Dieses Polaritätenprofil könnte entsprechend so aussehen:

	Hoch ⟵		⟶ Niedrig		
Service	Wir	WB			
Qualität			Wir	WB	
Kundenzufriedenheit			Wir	WB	
Innovationskraft	Wir	WB			
Vielfalt		WB			Wir
Expertentum		WB	Wir		
Gewährleistung		WB	Wir		
...					

Polaritätenprofil (WB = Wettbewerber)

Bitte ergänzen Sie in dem Polaritätenprofil die Kriterien, die für Sie wichtig und für Ihren Betrieb kennzeichnend sind. Es ist gut, wenn Sie die Stellung Ihres Betriebes und der Produkte, die angeboten werden, auch in der Abgrenzung zu den Angeboten der

Wettbewerber sehen. Führen Sie die Linie entsprechend weiter, damit Sie nicht nur die absoluten, sondern auch die relativen Aspekte Ihres Verkaufsangebots kennen. Damit sind Sie bestens gewappnet, um dem Kunden erfolgreich gegenüberzutreten.

Ganz wichtig ist, wie oben schon erwähnt, dass Sie sich nach dem Gespräch mit einem wichtigen Kunden Notizen machen, damit Sie wichtige Informationen vor dem nächsten Termin wieder präsent haben.

> Es trägt enorm zur Kundenbindung bei, wenn Sie z.B. beim nächsten Besuch der Kundin X in Ihrem Kosmetikstudio noch wissen, dass sie ihren Urlaub am liebsten in Island verbringt. Oder wenn Sie wissen, dass Ihr Restaurantgast das Steak medium möchte. Dass Sie wissen, dass der Kunde am besten zwischen 10.00 Uhr und 11.00 Uhr im Büro erreichbar ist. All das zeigt dem Gegenüber, dass Sie sich mit ihm beschäftigen, dass er wichtig ist für Sie, dass Sie ihm Aufmerksamkeit geben.

Wenn Sie den Kunden kennen und der nächste Termin bevorsteht, sollten Sie einen Plan entwerfen, mit dem Sie durch die Verhandlung navigieren können. Dazu gehört die Beantwortung der Punkte und Fragen, die in der folgenden Checkliste zusammengestellt sind.

→ *Check*liste
Vorbereitung auf den Kunden II

Kundenprofil

- ⊘ Name
- ⊘ Position im Unternehmen
- ⊘ Persönliche Daten
- ⊘ Kundentyp
- ⊘ Besondere Eigenarten in der Verhandlung

Bedarfsprofil

- ⊘ Was braucht der Kunde bzw. sein Unternehmen?
- ⊘ Welche Einwände bringt er vor?
- ⊘ Wie ist die Wettbewerbsposition?
- ⊘ Wie ist die Einkaufspolitik des Hauses?

Angebotsspanne

- ✓ Was können wir bieten?
- ✓ Welche Produkte sind für den Kunden attraktiv?
- ✓ Welche Argumente werden greifen?

Präsentationsmöglichkeiten

- ✓ Wie lassen sich die Argumente am besten darstellen?
- ✓ Welche Unterlagen sind vorhanden?
- ✓ Ist eine Beamer-Präsentation möglich?

Zielorientierung

- ✓ Was ist das maximale Ziel?
- ✓ Was ist das Minimal-Ziel?
- ✓ Mein persönliches (Lern-)Ziel

Erreichungsgrad

- ✓ Was wurde bislang erreicht?
- ✓ Wo lagen bisher Schwächen in der Verhandlung?
- ✓ Wo waren die Stärken?
- ✓ Welche Konsequenzen sind für die Zukunft zu ziehen?

Ergänzen Sie die jeweiligen Abschnitte um Punkte, die für Sie und Ihr Unternehmen wichtig sind. Am besten pflegen Sie solche Daten im PC, weil Sie damit flexibler sind, vor allem aber, weil die Daten dann allen zur Verfügung stehen und ganz einfach auch geändert bzw. gepflegt werden können. Und wir wissen: Verkauf umfasst die Buchhaltung genauso wie die Produktion, die Werkstatt und die Putzkolonne ...

> Mentale Vorbereitung meint: „Hallo, Kunde, schön, dass du da bist / dich meldest / Kontakt zu uns aufnimmst / uns einen Termin gibst. Ich bin gut vorbereitet. Du hast meine volle Aufmerksamkeit verdient und du bekommst sie. Mein Ziel ist, dass es nach unserem Kontakt zwei Gewinner gibt. Einen, der mit guter Ware/Leistung versorgt wird, und einen, der möglichst viel von dieser Ware/Leistung verkauft hat. Wie gut unsere Ware ist, weiß ich, ich kenne die Stärken, aber auch die Schwächen. Absolut und im Vergleich zum Wettbewerb. Ich bin bestens vorbereitet, aber bis zum Abschluss ist noch ein Stück Weg zurückzulegen."

6 Verkaufstechnik II: Kontaktphase

6.1 Der erste Eindruck

Stellen Sie sich folgende Situation vor:

> Sie gehen in ein Einzelhandelsgeschäft, wissen selbst nicht so genau, was Sie suchen. Die Verkäuferin nähert sich Ihnen und fragt – im besten Fall lächelnd: „Kann ich Ihnen helfen?" Sie können keinen konkreten Wunsch à la „Ich suche eine Grapefruitgabel" äußern. Stattdessen könnten Sie höchstens sagen: „Nein danke, mir kann niemand mehr helfen." Meistens ist die klare Antwort des Kunden auf eine derartige Frage ein sehr bestimmtes „Nein, ich schaue nur mal". Der Eisblock zeigt wahre Größe.

In vielen Fällen war's das dann auch. Als Verkäufer bleibt Ihnen jetzt nur noch der Augenkontakt, die permanente Aufmerksamkeit, die bange Frage: Schaut er noch mal her, der Kunde, oder geht er ohne Bon aus dem Geschäft?

Es gibt eine Reihe von Billiganbietern, die ihr Personal knapp halten und bei denen der Kunde froh ist, wenn er endlich einen Verkäufer zu fassen bekommt. Da ist es fast schon egal, wie freundlich oder kompetent der „Erbeutete" sich darstellt. Sicherlich ist das eine sehr preiswerte Form des Verkaufs; eine Freude für den Kunden ist es in der Regel nicht. Für die meisten Verkäufer gilt deshalb weiterhin:

DER ERSTE EINDRUCK IST EINE WICHTIGE EINFLUSSGRÖSSE. OB ER GELINGT, ENTSCHEIDET SICH IN DER KONTAKTPHASE.

Wie nehmen Sie Kontakt zum Kunden auf? Nun, ich setze voraus, dass Sie gut vorbereitet sind. Mental und physisch. Sie sind angezogen für den Erfolg, Sie sind mit Ihrer Erscheinung zufrieden und sehen sich im Einklang mit dem Image des Unternehmens. Erinnern Sie sich?

JE ÄHNLICHER VERKÄUFER UND KUNDE EINANDER SIND, DESTO GRÖSSER IST DIE WAHRSCHEINLICHKEIT, DASS EIN KAUF ZUSTANDE KOMMT.

Diese Chemie, diesen oft zitierten ersten Eindruck, können Sie beeinflussen, indem Sie dafür sorgen, dass die Rahmenbedingungen Ihres Auftretens untadelig sind. Ob Kunde und Verkäufer einander dann wirklich sympathisch finden, können Sie nicht restlos festlegen. Fest steht aber: Als fachlich und sachlich unterlegener Verkäufer brauchen Sie nicht anzutreten. Andererseits gerät ein allzu weit überlegener Verkäufer schnell in die Gefahr, den Kontakt zum Kunden zu verlieren und ihn mit seinem Wissen zu überrollen. Das bedeutet: Null Verkaufsabschluss.

Eitelkeit ist in den meisten Fällen – Ausnahmen bestätigen die Regel – ein wichtiger Ansatzpunkt, um erfolgreich Kontakt zu dem Kunden herzustellen. Überlegen Sie also: Womit könnten Sie dem Kunden schmeicheln, worauf ist er wohl stolz? Eitelkeit ist das Gaspedal des Verkaufs, die Vernunft wäre dann theoretisch die Bremse. Weil eben Verkauf nicht nach Vernunft, sondern nach Gefühl geht. (Sie erinnern sich an den Eisblock, den es zu schmelzen gilt?)

→ **Aufgabe**

Wie schaffen Sie es, mit dem Kunden in Kontakt zu kommen? Was sind Ihre ersten Sätze und bei welchen Formulierungen haben Sie den Eindruck, dass Sie sozusagen einen Eiskratzer gefunden haben? Bitte machen Sie sich ein paar Notizen dazu.

6.2   Anknüpfungspunkte für den Gesprächseinstieg finden

Wie wir schon in Kapitel 5.2 gesehen haben, ist Aufmerksamkeit der Dreh- und Angelpunkt im Kundenkontakt. Der Kunde betritt den Laden, er ruft an, empfängt Sie in seinem Büro. Aufmerksamkeit heißt jetzt: Es gibt nur noch den Kunden. Es gibt nichts, was in dem Moment wichtiger ist, als dem Kunden das Gefühl zu geben, dass er willkommen ist und dass Sie für ihn da sind. Das geht zu diesem Zeitpunkt ganz einfach durch Blickkontakt. Oder durch Zuhören. Die Frage „Kann ich Ihnen helfen?" ist weniger angesagt als ein Lächeln. Aber wohlgemerkt: bei kompletter Aufmerksamkeit.

Und das im doppelten Sinne des Wortes: Sie vermitteln dem Kunden nicht nur Ihre Präsenz, Sie beobachten ihn auch. Das aber natürlich nicht mit den Argusaugen, die das Gefühl vermitteln „Klaust du?" oder „Bist du gut genug für uns?", „Kannst du dir unsere Angebote leisten?". Beobachten sollten Sie auf zurückhaltende, unaufdringliche Weise: Ziel ist es, Informationen zu sammeln, die als Anknüpfungspunkt für den Gesprächseinstieg dienen können.

Die Kundin stöbert durch die Regale, Sie denken an die Eitelkeit der Leute und sagen zu ihr: „Da haben Sie sich aber jetzt eines unserer besten Teile geschnappt." Die Kundin wird im minimalen Fall lächeln, erfahrungsgemäß aber wird sie darauf antworten. Und sei es nur ein „Ach ja, das passiert mir häufig. Ist wahrscheinlich auch eines der teuersten …".

> Ganz egal, wie die Antwort ausfällt: Sie haben sie im Gespräch. Sie haben sie bei sich und können mit der Gesprächsführung beginnen. Eine Alternative wäre: „Oh, das ist aber eine schöne Tasche. So was habe ich noch gar nicht gesehen. Wo gibt es die denn?" „Die habe ich von PCW." „Ach ja, die haben auch wunderbare Ware. Schauen Sie, wir haben da auch gerade ein Teil von … reinbekommen …"

Das ist Aufmerksamkeit, die sich in zweifacher Hinsicht zeigt. Sie drängen sich nicht auf, aber Sie zeigen klar, dass Sie bei der Kundin und für sie da sind.

> ### → Aufgabe
>
> *Bitte schreiben Sie drei Formulierungen auf, mit denen Sie charmant und indirekt den Kontakt herstellen und das Eis brechen können.*

Klar ist, dass es darum geht, den Kunden als Persönlichkeit in den Mittelpunkt zu stellen. Wenn Verkauf etwas mit Beeinflussung zu tun hat und sich gleichzeitig stark auf der Beziehungsebene abspielt, sollten wir uns dort auch bevorzugt aufhalten. Vorausgesetzt, Sie haben gut beobachtet, sprich, Sie waren aufmerksam, fällt Ihnen vielleicht ein: „Sind Sie ein Fan von PCW?" oder „Ihr Mann wollte lieber draußen warten?" Sie merken: Was auch immer läuft – Sie sind beim Kunden.

Etwas anders gelagert ist die Sache selbstverständlich, wenn Sie zum Kunden kommen, um ihm eine Dienstleistung anzubieten. Aufmerksamkeit ist aber auch hier der Weg zum Erfolg. Die Eitelkeit behalten wir im Blick. Auf dem Weg zum Büro des Kunden sehen wir: ein neu renoviertes Fabrikgebäude, außergewöhnliche Kunstwerke, ein Familienfoto, einen Monatsbecher vom Golfclub, ein Foto der Fußballmannschaft Kreisliga C, einen sehr gepflegten Fuhrpark, eine neue Lieferung aus China. Alles Ansatzpunkte für ein Eisbrechergespräch. „Der gepflegte Fuhrpark ist eine wichtige Visitenkarte. Da kann ich nur gratulieren." „Sie haben eine wunderbare Treppe im Eingangsbereich. Blauer PurpleGranit, nehme ich an?"

> ### → Aufgabe
>
> *Bitte gehen Sie im Geiste Situationen durch, in denen Sie einen Kunden besuchen oder besucht haben. Welche Eisbrecher fallen Ihnen ein? Was würden Sie sich gerne in dieser Richtung einprägen?*

Aufmerksamkeit bedeutet auch Zuhören. Wenn der Kunde spricht, können Sie viele Ansatzpunkte für ein Gespräch und vor allem für den Verkaufsabschluss finden. Denn dann gibt er die notwendigen Informationen preis, die Sie brauchen, um die Verkaufsargumentation zu führen.

Bevor Sie zum Zuhören kommen, ist es natürlich unabdingbar, dass der Kunde, Ihr Gegenüber, redet.

→ **Aufgabe**

Wie schaffen Sie es, den Kunden zum Reden zu bringen? Bitte schreiben Sie Ihre Erfahrungen auf.

Es ist wichtig, dass Sie sich das bewusst machen, denn dann haben Sie die Chance, Ihr Wissen ganz bewusst einzusetzen.

Wie genau Sie handeln, ist natürlich schwer zu sagen – das hängt auch von Ihrer Persönlichkeit ab. Aber vermutlich haben Sie zu einer spezifischen Methode gegriffen. Haben Sie Fragen gestellt? Ja? Klasse. Und welche Art von Fragen? Offene, geschlossene, rhetorische, Alternativfragen? Halt, denken Sie erst noch mal drüber nach.

Sie haben vermutlich offene Fragen, also W-Fragen gestellt:
- → „Wo haben Sie diese tolle Tasche her?"
- → „Woher kennen Sie Fezil?"
- → „Das ist ja eine ganz ausgefallene Marke. Wie sind Sie denn auf uns aufmerksam geworden?"
- → „Sind Sie Fußballer? Ich war mal, das ist lange her ... (Blick auf die eigenen Speckrollen ...)" – „Ja, wem sagen Sie das, wir legen alle zu im Alter." Oder: „Nein, mein Sohn spielt." – „Das kenne ich: jedes Wochenende am Fußballplatz, als hätte man nichts anderes zu tun ..." – „Ja, genau ..."

Können Sie erkennen, dass Sie kräftig am Eis kratzen, wenn Sie sich so verhalten? Wenn Sie in dieser Art und Weise auf den Kunden eingehen? Sie behandeln ihn im Moment noch nicht in seiner Käuferrolle. Sie sind bei ihm, Sie tauchen in das Wasser, um zu prüfen, wie der Eisberg darunter ausschaut.

Das gelingt nur durch genaues Hinschauen und aufmerksames Zuhören. Aber so anspruchsvoll ist das nicht. Das lässt sich leisten.

6.3 Individuelle und packende Kundenansprache

Es ist bereits in der Kontaktphase zweckmäßig, sich Gedanken darüber zu machen, welchen Kundentyp (vgl. Kap. 3.2) man vor sich hat, um ihm mit den geeigneten Formulierungen zu begegnen. Denn wenn man hier danebenliegt, verbaut man sich womöglich gleich zu Anfang jedweden Verkaufserfolg.

Stellen Sie sich vor, Sie würden zu einem Mittelpunktmagneten sagen: „Da haben Sie aber schöne Schuhe aus dem Regal gegriffen; die finden in dieser Saison reißenden Absatz!" Was würde passieren? Nun, dieser Kunde würde die Schuhe vermutlich ganz schnell wieder zurückstellen und keinen Gedanken mehr daran verschwenden, sie zu kaufen. Schließlich sucht er das Neue, Auffällige! Was will er da mit Schuhen, die angeblich jeder trägt?

→ **Aufgabe**

Ganz gleich, ob Sie im Laden stehen oder den Kunden besuchen: Rufen Sie sich Situationen ins Gedächtnis, in denen es Ihnen gelungen ist, für die einzelnen Kundentypen die geeigneten Worte zu finden. Schreiben Sie das auf. Es gibt Ihnen Sicherheit, wenn Sie die Dinge dann parat haben, wenn Sie sie brauchen.

Graue Maus: _____

_____

Mittelpunktmagnet: _____

_____

Everybody's Darling: _____

_____

Prinzipienreiter: _____

_____

Freiheitsliebender: _____

_____

Auflösung: Die graue Maus fühlt sich sicher, wenn Sie ihr bestätigen: „Da haben Sie jetzt ein Stück, mit dem Sie immer zeitlos und korrekt gekleidet sind." Der Mittelpunktmagnet liebt es eher, wenn Sie erklären: „Ich sehe, Sie haben einen sehr exklusiven Geschmack." Everybody's Darling mag es, wenn ihm versichert wird: „Es gibt so gut wie niemanden, der diese Garnitur nicht schön findet." Der Prinzipienreiter wird froh sein, wenn Sie ihm erklären: „Sie sind anscheinend bestens informiert über die wesentlichen Positionen." Und den Freiheitsliebenden wird es beglücken zu hören: „Das unterstreicht Ihre Persönlichkeit."

Merken Sie sich die Eisbrecher-Floskeln für Ihre Pappenheimer in Ihrer spezifischen Branche. Lernen Sie sie am besten auswendig.

Wenn Sie die Chance haben, beim Kunden selbst zu präsentieren, oder wenn Sie von Haustür zu Haustür gehen, um Ihre Produkte anzubieten, gelten die gleichen Regeln wie im Ladengeschäft: Aufmerksamkeit gewinnen, und das möglichst bereits beim entscheidenden ersten Eindruck. Das Gute an dieser Situation ist, dass Sie sich vorbereiten können (siehe Kap. 5.3). Zu dieser Vorbereitung gehört dann konsequent auch die Frage: Wie mache ich den Kunden aufmerksam, neugierig, wie breche ich das Eis?

Sie verkaufen Staubsauger an der Tür, klingeln, die Hausfrau macht auf. Sie sagen – was? „Ich komme von Nachschau und verkaufe Staubsauger. Darf ich Ihnen unsere Produkte zeigen?" Wie wird die Antwort aussehen? In den meisten Fällen vermutlich so: „Nein, habe gerade keine Zeit." Und tatsächlich: Gelingt es mit solchen Sätzen, die Aufmerksamkeit des Kunden zu gewinnen? Eher nicht. Also: Welche Alternative fällt Ihnen ein? Etwa: „Möchten Sie in einer Minute sehen, wie Sie pro Woche drei Stunden Hausarbeit einsparen?" „Haben Sie drei Minuten Zeit, um Ihr Haus staub- und allergiefrei zu bekommen?" ... Sie sehen, vom Staubsauger war bis dato nicht die Rede. Nur von der Problemlösung, die Sie ja zweifelsfrei anbieten. Machen wir noch ein paar Übungen:

→ **Aufgabe**

Denken Sie sich zu folgenden Gesprächseinstiegen aufmerksamkeitserregende Alternativen aus, in denen Sie die Problemlösung in den Vordergrund stellen.

1. „Unsere Firma stellt reiß- und wetterfähigen Stoff her, mit dem Sie Ihre Lkws über das Wochenende abdecken können."

_____

_____

2. „Unsere Firma bietet maximalen Versicherungsschutz für alle Belange im und am Haus. Darf ich Ihnen das kurz vorstellen?"

_____

_____

3. „Wir sind der Marktführer für gewerbliche Backöfen und bieten höchste Qualität. Gerne würde ich Ihnen unsere Prospekte zeigen."

_____

_____

Auflösung: Was ist Ihnen eingefallen? Hier ein paar Lösungsvorschläge: 1. „Schaffen Sie es, diesen Stoff zu zerreißen?", „Was glauben Sie, wie alt dieser Stoff hier ist?"; 2. „250 Euro schätze ich, dann ist dieses wunderschöne Haus gegen alle Schäden versichert. Oder zahlen Sie mehr?"; „Die Ilm trägt seit letztem Jahr den Stempel: Hochwassergefährdeter Bezirk. Sie liegen mittendrin. Wussten Sie das?"; 3. „Wenn die Bäcker um 15 Uhr noch in der Backstube sind, liegt das in den meisten Fällen an den Rüstzeiten der Öfen."; „Die Stromkosten älterer Backofenmodelle liegen meist 60 Prozent über dem Durchschnitt. Bei den heutigen Strompreisen ist das ein echter Batzen."

Merken Sie den Unterschied? Bestimmt ist Ihnen aufgefallen:

Es ist entscheidend, dass der Verkäufer sich vom Produkt löst und über Lösungen spricht.

Über Lösungen für bekannte Probleme, aber auch über Lösungen für solche Punkte, die noch gar nicht als problematisch erkannt wurden. Damit heben Sie sich von der Masse der Verkäufer ab und überraschen den Kunden positiv – denn so etwas hat er nicht erwartet.

→ **Aufgabe**

Bitte nehmen Sie sich die Zeit, solche Aufmerksamkeitssätze für Ihr Produkt zu finden. Sie werden das schaffen, weil Sie die Probleme kennen, für die Ihr Produkt eine Lösung ist. Schreiben Sie Ihre Gedanken auf.

Alle Formeln, die Sie notieren, sind hilfreich. In diesem Fall gilt: je mehr, desto besser. Patentrezepte gibt es nicht. Gerade weil kein Kunde haargenau wie der andere ist und weil die einzelnen Kundentypen auch unterschiedlich angesprochen werden sollten, ist es gut, wenn Sie ein möglichst großes Repertoire haben.

Natürlich ist das bei spontanen Aktionen nicht ganz einfach, aber sicherlich können Sie die graue Maus auf den ersten Blick vom Mittelpunktmagneten unterscheiden. Und auch der Prinzipienreiter wird schwerlich als Freiheitsliebender durchgehen. Vertrauen Sie auf Ihren Instinkt in den ersten Minuten, aber verlassen Sie sich nicht darauf, dass Sie schlagfertig auf der Verstandesebene reagieren. Verlassen können Sie sich dann nur auf Ihre gute Vorbereitung.

7 Verkaufstechnik III: Frage- und Argumentationsphase

7.1 Durch Fragen die Gesprächsführung einleiten

Der erste Eispickel ist gesetzt, wir haben uns in der Kontaktphase unserem Ziel ein Stück weit genähert und den Kunden quasi „gesichert". Wie sieht nun der nächste Schritt auf der Treppe zum Verkaufserfolg aus? Wie bearbeiten wir den Berg so, dass er dem Propheten folgt? Worauf zielen wir als Nächstes?

Informationen stehen weiter im Zentrum. Was will der Kunde? Was erwartet er? Weiß er das selbst schon genau? Hängt er Konkurrenzprodukten an? Wenn ja, warum? Falls es uns in der Kontaktphase nicht gelungen ist, ihn im Rahmen der Kundentypologie einzuordnen, sollten wir weiter dranbleiben und nach Möglichkeit herausfinden, wie wir auf ihn zugehen können bzw. sollten. Ist er entscheidungsstark oder -schwach? Sucht er das Besondere?

IHRE AUFGABE IST ES JETZT, FRAGEN ZU STELLEN.

Fragen sind jedoch nicht gleich Fragen. Welche Frageart setzen Sie an dieser Stelle des Gesprächs ein? Denken Sie daran, Sie wollen möglichst viele Informationen bekommen.

Nun, es sind auch hier die W-Fragen, mit denen Sie dem Kunden Informationen entlocken. Mit W-Fragen bringen Sie den Kunden zum Sprechen – alles, was er mitteilt, kann spielentscheidend für Sie sein. Und zwar auf der Sach- und auf der Beziehungsebene. Dabei sind es sowohl die Zwischentöne als auch die Fakten, die Ihnen klare Wegweiser geben. Machen wir noch einmal eine Bestandsaufnahme:

→ **Aufgabe**

Nehmen Sie sich ein paar Minuten Zeit und erinnern Sie sich an Ihre Erfolgsmomente:

1. Mit welchen Fragen ist es Ihnen besonders gut gelungen, dem Kunden wichtige Informationen zu entlocken?

_____

2. Mit diesen Fragen schaffe ich es, den Kunden an mein Produkt heranzuführen:

_____

Wer fragt, der führt

Sie haben sich in der Vorbereitungsphase vorgenommen, dass Sie ein Ziel erreichen wollen. Das Ziel heißt: Den Kunden überzeugen, seine Bedürfnisse bestmöglich befriedigen und den Abschluss bekommen.

Das Ziel erfordert, dass Sie bereit sind, die Führung des Gesprächs zu übernehmen. Sprich: Sie sind derjenige, der die Richtung vorgibt und entscheidet, wo es langgeht. Nehmen wir weiter an, Sie haben am Eis gekratzt, mehr noch: Sie haben es sogar geschafft, es zum Schmelzen zu bringen. Dann ist es umso wichtiger, nun auch die Führung zu übernehmen, die Sie versprochen haben.

DIE FÜHRUNG HAT, WER FRAGEN STELLT. MACHEN SIE SICH DAS IMMER WIEDER BEWUSST.

Dabei ist Fragenstellen nicht nur ein Mittel der Führung, sondern auch eine gute Möglichkeit, aus eher unangenehmen Situationen wieder herauszukommen, Zeit zu gewinnen. Zeit, um Luft zu holen. Probieren Sie es aus.

Vorteil Fachwissen

Wenn wir sagen, wir wollen das Gespräch führen, das Heft des Handelns in der Hand haben, dann setzt das voraus, dass wir das Ziel haben, den Kunden für uns zu gewinnen, und dass wir ihn deshalb dahin lenken, wo wir ihn haben wollen. Fachwissen ist dabei Ihr Vorteil gegenüber dem mehr oder weniger unwissenden Kunden. Ob Ihnen die Gesprächsführung gelingt, hängt davon ab, ob Sie die Bedürfnisse des Kunden erkannt und daraus einen Anknüpfungspunkt für sich entwickelt haben. Hier ein Beispiel zum Mitdenken.

> → **Aufgabe**
>
> *Stellen Sie sich folgende Situation vor:*
>
> *Sie arbeiten in einem Geschäft für hochwertige Heimtextilien, schwerpunktmäßig Sonnenschutz jeder Art, sprich Rollos, Gardinen, Jalousien, auch so genannte Außenbeschattungen in Form von Markisen, Schirmen, Sonnensegeln sowie Komplettsysteme mit Hand- oder Elektrobetrieb. Im Eingangsbereich finden sich Geschenkartikel und Nippes, der Laden ist auf zwei Ebenen verteilt.*
>
> *Sie sind heute der Gardinenabteilung zugeordnet. Eine Kundin kommt gezielt auf Sie zu und schildert ihr Anliegen: Die Familie hat seit zwei Jahren einen Wintergarten, die beiden Söhne (17 und 19 Jahre alt) wollen, dass dort der Fernseher aufgestellt wird, und daher sollen die Fenster abgedunkelt werden können. Die Kundin wirkt ein wenig unsicher: Sie erwähnt, dass ihr Mann eigentlich dagegen ist, und ihre Aussagen sind eher unschlüssig.*

> *Überlegen Sie einen Moment, was Sie als Mitarbeiter in diesem Hause nun mit der Kundin anfangen. Welche Informationen wollen/können/sollen Sie ihr entlocken? Schreiben Sie es auf:*
>
> _____
>
> _____

Behalten Sie Ihre Lösungsvorschläge für die vorstehende Aufgabe im Hinterkopf, denn in der Realität ist Folgendes passiert: Die eifrige Verkäuferin bietet eine Fülle von Möglichkeiten an, packt quasi das komplette Produktsortiment der Gardinenabteilung aus. Sie bietet sonnenreflektierende Rollos an, sie weist auf Jalousien hin und sie zeigt, wie man auch mit Gardinen einwandfrei fernsehen kann. Die Kundin nickt freundlich, ist erfreut über die vielen Möglichkeiten, bedankt sich sehr herzlich und verlässt den Laden mit den Worten: „Darüber muss ich noch mal mit meinem Mann und meinen Kindern sprechen."

Was meinen Sie, ist schiefgelaufen? Um welchen Typ Kundin handelt es sich? Was hat die Verkäuferin übersehen? Nun, die Kundin ist offensichtlich entscheidungsschwach. Sie gehört in die Kategorie „Everybody's Darling", letztlich hat sie nicht einmal erwähnt, was sie gerne hätte. Die Verkäuferin hat sich sofort auf die Auswahl gestürzt, ohne die Rahmenbedingungen dieser Kaufanfrage zu klären. Dazu hätte zum Beispiel die Frage gehört, was der Mann gegen die Aktion einzuwenden hat und wie die Kundin selbst die Situation bewertet.

Für diesen Kundentyp ist es entscheidend, dass am Ende alle Beteiligten mit der Lösung leben können. Nur: Um das möglich zu machen, muss das Problem bekannt sein. Das Problem ist in diesem Fall (natürlich nur in diesem) der Mann. Seine Abneigung gegen die Verdunkelung führt zu Konflikten in der Familie – was die Kundin vermeiden will.

➜ *Praxis*tipp

Der erfolgreiche Verkäufer geht gerade solchen „Randbemerkungen" auf den Grund – und fragt nach.

Wie macht sich der professionelle Verkäufer schlau? Er stellt zunächst Fachfragen. Und zwar z.B. folgende (bitte ergänzen Sie die Liste, wenn Ihnen weitere Fachfragen einfallen):

- ➜ „Wie lange ist die Sonneneinstrahlung intensiv?"
- ➜ „Wie groß ist der Wintergarten?"
- ➜ „Wo grenzt er an, sind Bäume in der Nähe?"
- ➜ _____

Als Nächstes gilt es, Beziehungsfragen zu stellen:

- ➜ „Welche Lösung würden Ihre Söhne bevorzugen?"

→ „Wer nutzt außer Ihnen den Wintergarten, und was würde demjenigen wohl gefallen?"

→ „Sie selbst liebäugeln eher mit Gardinen?"

→ _____

Was hat der Verkäufer mit diesen Fragen herausgefunden? Die Frau steht zwischen Söhnen und Ehemann. Der will nämlich nicht, dass „sein" Wintergarten mit Gardinen „verschandelt" wird. Obwohl er gegen das Fernsehen im Wintergarten an sich nichts einzuwenden hätte. Mama will es allen recht machen. Sie hat selbst keine Präferenz, steht aber vor einem Dilemma, weil sie scheinbar nur der einen oder der anderen Seite dienen kann. Die Lösung?

Für den erfolgreichen Verkäufer ist es kein Problem, eine Lösung anzubieten – eine Lösung, die für alle Beteiligten akzeptabel ist. Er begleitet die Dame zur Markisenabteilung und „übergibt" sie dem dortigen Fachmann. Der bietet eine so genannte Außenbeschattung an. Ein Rollo, das außen am Wintergarten befestigt und bei Bedarf hochgezogen wird. Der Wintergarten selbst ist nicht davon betroffen. Alle haben ihre Vorstellungen realisieren können und sogar die Mama sitzt dank Beschattung jetzt häufiger im Wintergarten. Zur Freude ihres Mannes.

Wem ist das Kunststück gelungen, dass alle vier nun glücklich und zufrieden sind? Dem Verkäufer! Sie sehen ein weiteres Mal:

→ _Praxis_tipp

> _Unser Job ist es, dem Kunden das anzubieten, was seine Wünsche und Bedürfnisse optimal befriedigt. Auch wenn er das selbst gar nicht so formuliert hat._

Hier hat der Verkäufer gezeigt, dass er sowohl die Bedürfnisse des Mannes, der Kundin als auch der Kinder verstanden hat. Er hat außerdem bewiesen, dass Fachwissen und das Stellen der entsprechenden Fragen einen immensen Vorsprung darstellen. Das ermöglicht Lösungen, an die der Laie, sprich der Kunde, nicht gedacht hat.

DER KUNDE IST IN ALLER REGEL LAIE.

Er hat eine mehr oder weniger genaue Vorstellung davon, was er sich wünscht, aber er kann bei seiner Lösung nicht aus dem Vollen schöpfen, weil er nicht das gesamte Angebot kennt. Dafür braucht er den Fachmann und dessen Fachwissen.

Unsere Kundin wollte die Lösung für ein Schattenproblem. Durch geschicktes Fragen ist es dem erfolgreichen Verkäufer gelungen, ...

→ die Gesamtsituation zu erfassen,

→ das Bedürfnis klar zu erkennen,

→ die Lösung zu bieten und

→ den Nutzen darzustellen.

Die Nagelprobe des Fragens ist, ob es Ihnen gelingt, die Informationen zu bekommen, die Sie brauchen, um aus dem verfügbaren Angebot das Produkt herauszufiltern, das für den Kunden geeignet ist. Vielleicht stellen Sie fest, dass Sie gar nichts Passendes im Angebot haben. Gardinen jedenfalls waren keine für alle befriedigende Lösung. In diesem Fall lag der Vorteil darin, dass es im Haus selbst eine echte Alternative gab. Manchmal kommt es aber auch vor, dass Sie passen müssen. Tun Sie das, bevor Sie mühsam beginnen, zu begründen, dass der Mann sich schon an die Gardinen gewöhnen wird und so weiter, und so fort. Ihre Glaubwürdigkeit als Verkäufer würde darunter ungemein leiden.

KUNDEN WISSEN EINE EHRLICHE ANTWORT ZU SCHÄTZEN.

Damit wir uns nicht missverstehen: Grundsätzlich sollten wir in der Lage sein, genügend Informationen zu sammeln, um dann auch aus unserer Produktpalette etwas anbieten zu können. Vielleicht sogar ein bisher nur schlummerndes Bedürfnis zu wecken.

7.2 Spurensuche durch Fragen: Schlummernde Bedürfnisse wecken

Eine Kardinalfrage im Verkauf ist, ob der Markt das Produkt macht oder das Produkt den Markt. Sprich: Wer hat den iPod vermisst, als es ihn noch nicht gab? Keiner. Und welcher Kunde hat gerufen: Gebt mir ein künstliches Elektrohaustier, das ich füttern, pflegen, lieb haben kann? Bis es das Tamagotchi gab, hat das keiner als Bedürfnis erkannt. Hier stecken für den Verkäufer wirklich ungeahnte Chancen. Um sie auszuloten, ist es sinnvoll, das eigene Angebot unter den folgenden Gesichtspunkten zu betrachten:

→ *Check*liste
Chancen der Produktpalette ausloten

- ✓ Welchen Nutzen bieten meine Produkte?
- ✓ Welche Bedürfnisse werden damit befriedigt?
- ✓ Mit welchen Produkten kann ich die unterschiedlichen Kundentypen ansprechen?
- ✓ Was kann ich dem Kunden alles bieten?
- ✓ Welche Vorteile hat er, wenn er sich für meine Produkte entscheidet?
- ✓ Was zeichnet mein Angebot gegenüber dem Wettbewerb aus?

Eine gute Möglichkeit, den Kunden zu Ihrem Produkt zu führen und einem erfolgreichen Verkaufsabschluss näher zu kommen, sind die so genannten Lasso-Fragen. Das sind Fragen, mit denen Sie den Kunden einfangen und ihn unweigerlich auf Ihre Produktschiene setzen. Was glauben Sie: Sind Lasso-Fragen eher geschlossene oder eher offene Fragen?

Ja, vermutlich eher geschlossene Fragen: Stellen Sie sich vor, der Verkäufer hätte unsere Kundin aus dem obigen Beispiel gefragt: „Wie stellen Sie sich die Beschattungssituation vor?" Das ist zweifellos eine offene Frage. Aber wundern Sie sich nicht, wenn Ihnen darauf jetzt gar keine gescheite Antwort einfällt. In vielen Fällen führen offene Fragen zu einer Überforderung des Kunden. Unsere Kundin weiß ja nicht, wie das Ganze aussehen könnte, sie will nur eine Lösung. „Sie brauchen Schatten ab dem Nachmittag?" „Ihr Wintergarten ist sehr klein und deshalb auch schnell aufgeheizt?" Mit solchen geschlossenen Fragen lässt sich der Weg zielgerichteter gehen.

→ **Aufgabe**

Versuchen Sie bitte, den Nutzen Ihrer Produkte in ähnlicher Weise in Lasso-Fragen umzuformulieren.

Sie können selbstverständlich auch offene Fragen nutzen, um den Kunden einzufangen. Es gibt nämlich Kunden, bei denen offene Fragen auch in dieser Phase schnell zum Erfolg führen. In folgenden Situationen wird das aber eher nicht funktionieren:
- → Der Kunde redet nur wenig, selbst bei W-Fragen.
- → Der Kunde ist völlig unentschlossen.

Bei solchen Kunden ist es wichtig, dass Sie als Verkäufer einfühlsam reagieren und wissen, über welche Schiene Sie verkaufen wollen. Sprich: über Preis, Qualität, Specials etc.

> Kunde betritt Reisebüro. Er ist sehr einsilbig und gibt nur zögerlich Informationen von sich. Das Gespräch verläuft wie folgt: „Sie wollen eine Reise buchen?" „Ja." „Wohin soll es denn gehen?" „Weiß ich noch nicht." „Wie lange?" „Eine Woche." „Da kann ich Ihnen ein echtes Special anbieten: Eine Woche Kreta, alles inklusive für nur 249 Euro." „Ich mag Griechenland nicht." „Ja, dann hab ich noch Italien, Rimini. Kostet auch nur 265 Euro." „Mag ich auch nicht."

Was ist da schiefgelaufen? Bitte denken Sie kurz darüber nach. – Könnte man zu Recht behaupten, dass der Verkäufer zu wenig zielgerichtete Fragen gestellt hat? Dass er nur über den Preis verkaufen wollte?

Welche Fragen hätten Sie gestellt? Bitte beachten Sie, dass der Kunde sich hartnäckig einsilbig zeigt. Etwa so:

→ „Sommer, Sonne, Sonnenschein?"
→ „Allein, zu zweit oder mit Familie?"
→ „Sport oder Faulenzen?"
→ „Action oder Ruhe?"

Stimmen Sie mir zu, dass das die Informationen sind, die der Verkäufer braucht, um die geeignete Reise anzubieten?

→ Aufgabe

Bitte überarbeiten Sie vor diesem Hintergrund ggf. noch einmal Ihren Katalog mit Lasso-Fragen.

Diese Liste ist grundsätzlich dynamisch und sollte immer mal wieder überarbeitet werden. In einem Jahr wird sie anders ausschauen als heute, weil Ihre Erfahrungen mit einfließen werden.

→ *Praxis*tipp

Solange Sie am Anfang Ihres Verkaufstrainings stehen, sollten Sie die Liste sehr sorgfältig pflegen. Sie gibt Ihnen in jedem einzelnen Gespräch die Sicherheit, die Sie brauchen, um erfolgreich zu verkaufen.

7.3 Beratung: Argumentieren, überzeugen, gewinnen

Sie haben alle wesentlichen Fragen gestellt bzw. alle Antworten bekommen, die Sie brauchen, um nun in die Beratungsphase einzusteigen?

Gut. Damit haben Sie schon mal einen Kardinalfehler, die „Zuschüttaktion", im Keim erstickt. Zuschüttaktion meint, dass der Verkäufer so ziemlich alle Produkte anbietet, die er im Angebot hat. Das geschieht in bester Absicht, häufig verbunden mit dem Stolz, den der Verkäufer über das Sortiment empfindet und manchmal darüber, dass er die Auswahl so gut kennt.

Klasse statt Masse

„Wir haben Römer, Maurer, Sonnenblumen, Krustis, Trimmis, Kaiser, Müsli-Semmeln." Toll, könnte man sagen. Aber: Weiß der Kunde jetzt, für welche Brötchensorte er sich entscheiden soll? Kann er irgendetwas anfangen mit diesen Informationen? Nicht wirklich. Er ist mit hoher Wahrscheinlichkeit überfordert und zugeschüttet mit Namen, die ihm nichts sagen.

Wenn Sie vorher in der Fragephase festgestellt haben, dass der Kunde keine Körner mag, können Sie bereits vier oder fünf Vorschläge einfach fallen lassen. Und den armen Kunden entlasten. Der ist nämlich deshalb zu Ihnen gekommen, weil Sie der Fachmann sind, der ihm seine Entscheidung, zumindest die Entscheidungsvorbereitung erleichtert. Damit sind wir jetzt bei der beratenden Seite des Verkaufs angekommen.

→ *Check*liste
Merkmale guter Beratung

Eine gute Beratung erfordert im Minimum vier Dinge:

- ⊘ Fachwissen,
- ⊘ eine klare Definition der Aufgabe (Information),
- ⊘ Gespür für das Gegenüber und
- ⊘ zwei oder drei begründete Auswahlmöglichkeiten aus dem Gesamtsortiment.

Der Kunde wendet sich an uns mit einer Aufgabe, einem Problem. Er sucht bei uns die Lösung. Das ist gut so, weil wir in den meisten Fällen aufgrund unserer Fachkenntnis einen Informationsvorsprung haben und bestens geeignet sind, ihn zu beraten:
- → In der Kontaktphase haben wir vorgefühlt, um welchen Kundentyp es sich handelt.
- → In der Fragephase haben wir uns die notwendigen Informationen besorgt, um ihn beraten zu können.

Jetzt nutzen wir unser Fachwissen, um ihn vom Kauf zu überzeugen. Wir argumentieren. In dieser Phase des Verkaufsgesprächs machen wir also gezielte Vorschläge und begründen sie. „Trimmis sind die ideale Lösung, wenn Sie eine Diät machen (das haben Sie vorher erfragt). Sie haben wenig Kalorien, aber einen hohen Sättigungsgrad." Oder: „Wenn Sie grillen wollen, empfehle ich Ihnen die Römer, die halten auch eine Bratwurst aus, ohne durchzuweichen."

Die Auswahl, die Sie dem Kunden präsentieren, ist nur eine kleine Teilmenge all dessen, was Sie wirklich anbieten könnten. Viele Verkäufer haben damit ein Problem, weil sie sich lieber hinter der Masse der Möglichkeiten verstecken. Aber Masse und Klasse sind zwei Paar Schuhe.

Wie hätte der Kunde wissen können, dass der Trimmi die ideale Lösung ist? Er hat doch wenig, vielleicht keine Ahnung, was die Zusammensetzung, die Nährstoffe, den Sättigungsgrad, den Geschmack angeht. Wäre ihm das alles gleichgültig, könnte er problemlos in den Supermarkt gehen und eine Plastiktüte mit Semmeln kaufen, die vermutlich sogar billiger ist. Tut er nicht. Er ist hier bei uns. Er will und braucht unseren fachmännischen Rat.

Überforderung vorbeugen

Der Volksmund vertritt die Meinung: „Weniger ist oft mehr", „Überfluss schafft Überdruss" oder „Je größer die Auswahl, desto schwieriger die Entscheidung". Letzteres ist genau das, was wir vermeiden sollten. Im Gegenteil wollen wir dem Kunden die Entscheidung erleichtern – am besten ist es, wenn er unsere Produkte bzw. Dienstleistungen kauft.

IST ES DA ZWECKMÄSSIG, UNSERE PALETTE EINZUSCHRÄNKEN? JA, DENN DIE GRENZE ZWISCHEN ANGEBOT UND ÜBERFORDERUNG IST FLIESSEND.

Der Kunde ist in einem eher unbekannten Feld genauso schnell überfordert wie wir auch. Der Vorteil des erfolgreichen Verkäufers ist, dass er sein Handwerk beherrscht und seine Produkte aus dem Effeff kennt. Dem Laien wird die Fülle des Angebots, werden oft auch die eingesetzten Fachbegriffe sehr schnell zu viel.

Lassen Sie uns kurz über den Begriff „Überforderung" nachdenken. Überforderung meint, dass die Grenzen der Aufnahme- und Verarbeitungskapazität eines Menschen überschritten sind. Zu viele Informationen und Reize bringen das Gehirn in Abwehrhaltung, es blockiert. Das ist ein natürlicher Prozess, der sehr häufig unbewusst läuft. Die Mehrheit der Reize, die auf uns einströmen, werden entweder nicht wahrgenommen oder gleich wieder „aussortiert". Das entscheidet unser Gehirn automatisch, es ist ein eingebauter Selbstschutz. Nur Dinge, die unsere Aufmerksamkeit erregen, werden im Gehirn bewusst wahrgenommen und weiterbearbeitet.

UM ENTSCHEIDEN ZU KÖNNEN, BRAUCHEN WIR SOLCHE AUFMERKSAMKEITSERREGENDEN ANHALTSPUNKTE, SONST SIND WIR ÜBERFORDERT.

Da trifft es sich gut, dass der Mensch gern intuitiv entscheidet. Das entlastet ihn in der Auswahl. Aber um sich dann innerhalb dieser Auswahl zu entscheiden, braucht er Argumente. Werden ihm die nicht geboten, ist die Gefahr groß, dass er blockiert und vor allem eines nicht tut: Kaufen.

Damit es nicht so weit kommt, gibt es den Verkäufer, der an dieser Stelle als Berater tätig wird. Wir haben die Informationen, um die Auswahl zu treffen, wir können sie begründen und die Konsequenzen der Entscheidung aufzeigen. Argumente sind es, die wir hier bieten. Wohl begründete Argumente. Der Berater findet in dem Wirrwarr von Angeboten das, was der Kunde braucht, wünscht, sich erträumt oder vorstellt, und er erklärt, warum das oder das gut ist. Das heißt:

Der Verkäufer ...
→ trifft eine Vorauswahl und
→ begründet diese Vorauswahl,
→ ohne die letzte Entscheidung zu treffen.

Das tut er im vollen Bewusstsein der Tatsache, dass der Kunde seine Unterstützung braucht, sie vielfach sucht und Rat erwartet. In dieser Phase des Gesprächs brauchen wir keine Fragen zu stellen, weil wir die Antworten bereits erfragt haben. Jetzt sind Sie an der Reihe und Sie fragen nicht, Sie beraten.

→ **Aufgabe**

Reflektieren Sie Ihre eigenen Verkaufserfahrungen in dieser Hinsicht und versuchen Sie sich zu erinnern:

→ *Wann haben Sie das letzte Mal die Kaufentscheidung eines Kunden so vorbereitet, dass Sie die Auswahlmöglichkeiten auf zwei, maximal drei reduziert haben, inklusive Begründung, versteht sich?*

→ *Wann haben Sie bei der Begründung aus dem Vollen Ihrer Fachkenntnisse geschöpft? Und wann haben Sie eher aus Ihrem Produktsortiment heraus argumentiert? Wann haben Sie eventuell „nur" auf den Sonderpreis hingewiesen?*

Verkaufsargumente

Es ist ein großer Unterschied, ob Sie aus Ihrer Fachkenntnis heraus argumentieren oder über den Preis. Sie können verkaufen über ...

→ den Preis eines Produkts (z.B. drei zum Preis von zwei),
→ das Design des Produkts,
→ die Marke („Nivea ist immer noch gut"),
→ die Funktionalität,
→ die bewährte Qualität,
→ die Technologie,
→ den besonderen Service oder
→ das Image des Unternehmens.

Als angestellter Verkäufer ist Ihnen das meist vorgegeben. Einige Unternehmen, vor allem Discounter, positionieren sich nahezu ausschließlich über den Preis. In diesen Läden finden sich selten „echte" Verkäufer, viel eher Erklärer und Verteiler von Gütern. Interessanterweise verkaufen aber auch manche Premium-Marken über den Preis – sie profitieren vom so genannten Snob-Effekt. Der zeigt auf: Manche Produkte können nicht teuer genug sein, damit der Kreis ihrer Käufer möglichst klein und exklusiv bleibt.

Wenn Sie selbst Unternehmer sind, können Sie wählen, welches Verkaufsargument Ihrer Ansicht nach das herausragendste Charakteristikum Ihrer Leistungen bzw. Produkte ist.

Glaubwürdigkeit

Die entscheidende „Folie", die über all diesen Möglichkeiten liegt, ist der Verkäufer selbst. Vor allem in der Phase der Argumentation ist das Bild, das der Kunde vom Verkäufer hat, maßgeblich. Wirkt er glaubwürdig? Ist er ein „Anchorman" wie Claus Kleber, Ulrich Wickert, Marietta Slomka? Alles Leute, die durch und über ihre Persönlichkeit glaubwürdig wirken – und damit auch den Nachrichten, die sie verkünden, eine hohe Glaubwürdigkeit und Seriosität geben.

DIE GLAUBWÜRDIGKEIT DES KOMMUNIKATORS IST WESENTLICH FÜR DEN VERKAUF.

Ein Verkäufer, der einer Kundin erzählt, die Sonnenbrille mache sie zehn Jahre jünger, während die Kundin Froschaugen zeigt, ist nicht wirklich glaubhaft. Was macht Glaubwürdigkeit in den Augen der Kunden aus?

→ *Check*liste
Merkmale von Glaubwürdigkeit

- ✓ **Kompetenz** (Fähigkeit und Fertigkeit, ein Problem zu lösen)
- ✓ **Vertrauen** (im Sinne der Reduktion von Komplexität)
- ✓ **Authentizität** (Echtheit, Übereinstimmung mit sich selbst)
- ✓ **Plausibilität** (Ist das Gesagte nachvollziehbar und stimmig?)
- ✓ **Zuverlässigkeit** (Diese Einschätzung ist ein Erfahrungswert, siehe unten)

Einem glaubwürdigen Verkäufer traut man zu, dass er weiß, wovon er spricht. Das ist die Voraussetzung für Vertrauen. Vertrauen meint dann auch, dass man ihm zutraut, aus der Fülle des Angebots (der Nachrichtenflut zum Beispiel, aber auch der Beschattungsmöglichkeiten für den Wintergarten) das Wichtige und Richtige auszuwählen.

Das ist die wesentliche Funktion des Verkäufers. Wer das nicht leistet, verkauft nicht; er verteilt lediglich Güter um.

Dieses Vertrauen erfordert selbstverständlich, dass der Verkäufer selbst überzeugt ist von den Produkten bzw. Leistungen, die er anbietet. Er muss mit sich im Reinen sein in Bezug auf die Qualität, den Preis und den Service. Sie können davon ausgehen, dass die Kunden es spüren, wenn Sie in dieser Hinsicht unsicher sind. Testen Sie das am besten selbst, wenn Sie die Leistungen eines anderen Verkäufers beobachten.

→ *Praxis*tipp

Glaubwürdigkeit ist der Dreh- und Angelpunkt in der Argumentationsphase, denn jetzt geht es darum, den Kunden zu überzeugen.

Jetzt können Sie aus Ihrem Wissenstopf schöpfen und zeigen, was in Ihnen und Ihrem Angebot steckt.

Claus von Wagner, einer der jüngeren Kabarettisten in Deutschland, spitzt das mit folgendem Gag zu:

Stiftung Warentest hat festgestellt, dass die Schlagbohrer aus dem Angebot einer großen Supermarktkette mit Polyethylenester verseucht waren und damit hochgradig Krebs erregend. Verbraucher, die das wissen, achten darauf, dass Produkte frei sind von diesen Stoffen. Von Wagner dazu sinngemäß: „Wenn ich von dem Test nichts wüsste und mir aber ein Verkäufer erzählen würde, dass dieses Spitzenprodukt hochgradig mit Polyethylenester versetzt ist, würde ich antworten: Toll, und doch so billig. Ich nehme gleich drei ...“

Nun, so viel zum Image, aber auch zu den Möglichkeiten eines Verkäufers. Ein Spitzenverkäufer würde dem Kunden natürlich kein problematisches Produkt andrehen.

In unserem Gardinenfall wäre das entsprechend weniger pointiert: „Die Außenbeschattung hat den Vorteil, dass im Wintergarten selbst nichts installiert wird, die Markise wird außen angebracht. Das wird Ihren Mann freuen, der Innenraum bleibt komplett frei. Die Markise selbst schafft eine maximale Verdunkelung, sodass Ihre Söhne sogar die Schnürsenkel der Fußballer erkennen können. Auch die beiden werden Sie mit dieser Entscheidung beeindrucken. Zu klären wäre noch, ob Sie eine Handkurbel oder eine elektrische Kurbel nehmen möchten. Ich würde Ihnen die elektrische Variante empfehlen, weil Sie Ihre Männer dann per Knopfdruck in das rechte Licht setzen können. Ganz abgesehen davon, dass Sie die Lichtverhältnisse auch beim Nachmittagskaffee mit der Nachbarin ganz einfach steuern können. Was halten Sie davon?“

Reduktion und Überschaubarkeit durch Beratung

Sie haben also das Angebot reduziert, Wissen demonstriert und Verständnis für die Situation der Kundin gezeigt. Ohne die argumentative Beratung des Verkäufers wäre der Kundin nur der paarweise Vergleich zwischen mehr oder weniger unbekannten Größen geblieben.

Der paarweise Vergleich ist eine Methode, die dazu dient, die Vielfalt auszublenden. Ist der Kunde mit vielen ihm fremden Alternativen konfrontiert, wählt er nur zwischen Unbekannten aus – und tut das im Grunde im Blindflug. Ist er dagegen beraten worden, wird das Entscheidungsspektrum überschaubar.

Nun kann es durchaus sinnvoll sein, ihm im Rahmen der schon reduzierten Auswahl noch einmal einen Entscheidungsspielraum anzubieten. Er sollte dann mit den ihm zur Verfügung stehenden Kenntnissen zu einer Entscheidung in der Lage sein. Dazu gehören typischerweise

→ Fragen nach der Farbe („Gelb, Rot oder Blau?“),
→ Fragen nach dem Design („Rund oder eckig?“) und
→ Fragen nach der Funktionalität („Mit oder ohne Fernbedienung?“).

All das ist zweifelsohne Geschmacksache und hat mit dem Produkt selbst nichts mehr zu tun.

→ **Aufgabe**

So, jetzt sind Sie wieder an der Reihe. In der Fragephase (vgl. Kap. 7.1 und 7.2) haben Sie sich Fragen und Antworten zurechtgelegt, mit denen Sie Ihren Verkaufserfolg vorantreiben. Jetzt geht es darum, die entsprechenden Argumente zu finden, mit denen Sie Ihr Produkt an den Mann / die Frau bringen. Bitte denken Sie dabei auch an unsere Zauberwörter (vgl. Kap. 4.4) und gehen Sie das Ganze Typ für Typ durch.

In unserem Wintergartenfall hatten wir es mit Everybody's Darling zu tun. Die Zauberwörter sind entsprechend: „alle freuen sich", „das gefällt nicht nur Ihren Kindern", „das ist auch die Lösung, die Ihr Mann begrüßen wird". Beim Mittelpunktmagneten würden diese Zauberwörter eher nicht ziehen, er möchte schließlich auffallen.

Formulieren Sie also nun für jeden Kundentyp, welche Argumente für Ihr Produkt sprechen:

Graue Maus: _____

_____

Mittelpunktmagnet: _____

_____

Everybody's Darling: _____

_____

Prinzipienreiter: _____

_____

Freiheitsliebender: _____

_____

7.4 Erlebniswelten: Die Argumente richtig verpacken

In diesem Verkaufsstadium, der Argumentationsphase, kommt es vorwiegend auf das Was an, auf Ihre Argumente. Auf den ersten Blick sind Argumente der rationalen, sprich der Sachebene zuzuordnen. Und was ist mit der Beziehungsebene? Nun, sie äußert sich an dieser Stelle vorwiegend in Form der Verpackung, bei der Art und Weise, wie Sie die Argumente verpacken. Bei der Argumentation in unserem Wintergarten-Beispiel haben wir z.B. die sozialen und psychologischen Komponenten eingearbeitet: Wir haben eine Welt für die Kundin aufgebaut, die ihren Mann und die Söhne mit einbezieht. Wir haben ihr keine Markise verkauft, sondern die Chance, ihren Jungs und dem Mann etwas Gutes zu tun.

Sehr viele Verkaufsangebote zielen darauf ab, eine Welt aufzubauen, in der sich der Kunde wohlfühlt. Eine wesentliche Erkenntnis dabei ist der Gedanke, dass niemand danach strebt, ein Loch in die Wand zu hauen, sondern stattdessen ein Bild aufhängen will und daher um den Nagel in der Wand nicht herumkommt. Oder doch? Indem er zum Beispiel eine Leiste nimmt, die ihm mehr Spielraum lässt?

VERKAUFT WERDEN EBEN IN ERSTER LINIE IDEEN – UND DANN ERST DIE DAZUGEHÖRIGEN PRODUKTE.

Auch hier kommt es natürlich darauf an, den Kundentyp im Blick zu haben. Wenn Sie einer grauen Maus beispielsweise einen neuen Haarschnitt verkaufen möchten, minimieren Sie Ihre Erfolgsaussichten deutlich, wenn Sie ihn als extravagant darstellen. Bei einem Mittelpunktmagneten werden Sie damit hingegen vermutlich ins Schwarze treffen.

> ### → Aufgabe
>
> *Überlegen Sie, welche Ideen Sie mit Ihren Produkten verkaufen. Merken Sie sich die Wörter, denn auch das sind Zauberwörter. Hier einige Beispiele:*
>
> → *Reiseangebote: Urlaubstraum, Erholung, Abenteuer*
>
> → *Möbel: Lebensart, Komfort, Aufsehen*
>
> → *Weiterbildung: Erfolg im Beruf, Emanzipation, Karriere, Sicherheit*
>
> → *Haarschnitt: Schönheit, Bequemlichkeit, Tragekomfort*
>
> → *Versicherung: Risikominderung, Sicherheit*
>
> → *Tischdecke: Tischarrangement, Nässeschutz*
>
> → *Beratung: Erfolg, Erkenntnisse, Wissensvermittlung, Aktualität*

Präsentation der Argumente

Die Präsentation Ihrer Argumente ist die erste Verpackungseinheit des Verkaufs. Hier sind Sie in der Lage, die Beziehungsebene charmant ins Spiel zu bringen und das Kaufbedürfnis, die Kaufabsicht zu wecken.

Ob das Verpackung im wahrsten Sinne des Wortes ist, also zum Beispiel das Seidentuch, in das Sie die neue Hose einpacken, oder ob es die Beamer-Präsentation zu Ihrem Unternehmen und Ihren Leistungen ist: Das „Drumherum" ist wichtig. Kein Dienstleister kann heute mit schlechten Folien am Overheadprojektor Staat machen. Der Beamer ist unabdingbar und die Qualität der Folien sollte bestechen. Natürlich gilt das dann auch für den Einsatz der Begriffe, die Sie bei der Argumentation einsetzen.

→ *Praxis*tipp

Ihre Erfolgsbasis ist, dass Sie erkennen: Mit ein und demselben Zauberwort werde ich nicht alle Kunden erreichen.

Im Gegenteil. Was den einen anzieht, stößt den anderen ab. Wenn Sie der erfolgreichen, karrierebewussten jungen Mutter erzählen, dass sie mit diesem Staubsauger Zeit bei der Hausarbeit spart, sind Sie vermutlich schnell aus dem Geschehen. Warum? Nun, sie wird lapidar antworten: „Dafür habe ich eine Putzfrau." Sie ist nicht Everybody's Darling, der den Dreck von allen wegmacht. Also, was könnte sie überzeugen? Denken Sie kurz nach. Welche roten Tücher und welche Zauberwörter fallen Ihnen ein? Stauballergie? Lärmbelästigung? Hygiene? Gastlichkeit? Modernität? All das ist sicher mehr dazu angetan, die Kundin zu überzeugen, die Kauflust zu erhöhen. Je besser diese Stufe vorbereitet ist, desto einfacher wird es gelingen, den Abschluss dann tatsächlich herbeizuführen.

Glaubwürdigkeit und Konkurrenz

Manche Verkäufer versuchen gerne, sich auf Kosten des Wettbewerbers zu profilieren. Davon ist abzuraten. Ihr Unternehmen und seine Produkte sind nicht vergleichbar, es ist unverwechselbar. Sich selbst stark aussehen zu lassen, indem man den anderen schwach macht, ist ein Zeichen dafür, dass es am eigenen Profil mangelt. Der Wettbewerber sollte für Sie „off limits" sein und respektvoll behandelt werden.

8 Verkaufstechnik IV: Abschluss und Nachbereitung

Sie haben auf der Klaviatur der Verkaufsmethoden gespielt und es ist Ihnen gelungen, den Kunden zu überzeugen. Er nickt heftig, freut sich – aber er hat natürlich noch nicht gekauft. Diese Phase steht uns jetzt bevor. Für viele Verkäufer ist sie die schwierigste. Das ist verständlich, denn an dieser Stelle zeigt sich die wahre Qualität des Verkaufsgesprächs. Eines aber in jedem Fall noch einmal vorab:

ES GIBT KEINE 100-PROZENT-VERKÄUFER. SIE WERDEN NICHT JEDEN KUNDEN GEWINNEN. DAS IST NICHT SCHAFFBAR.

Sie können sich das Ziel setzen, den Verkaufserfolg immer weiter nach oben zu bringen, aber der Anspruch einer Trefferquote von 100 Prozent birgt die Gefahr, dass Sie sich überfordern. Und Sie wissen, was dann passiert: Ihr Gehirn blockiert, Sie werden gar nichts verkaufen.

Bei all diesem Verständnis können wir nicht darüber hinwegsehen, dass sich nun entscheidet, ob wir das Gespräch erfolgreich geführt haben, ob wir nur geplaudert haben oder ob wir überzeugend waren, ob wir ausreichend Fragen gestellt und Antworten bekommen haben.

> Stellen Sie sich vor, Sie haben die Kundin über Taschenfederkern-, Schaumstoff- und Latex-Matratzen aufgeklärt und wollen die Dame jetzt zum Kauf bringen. Da dreht sie den Spieß um und fragt (!): „Ja, und warum soll ich eigentlich nicht ein Wasserbett nehmen?"

Das ist eine ganz kritische Situation, weil Sie, anstatt den Verkauf abzuschließen, in eine ganz andere Phase zurückfallen. Nämlich entweder in die Argumentations- oder – noch schlimmer – in die Fragephase. Dann wird eben deutlich, dass nicht alle Fragen gestellt wurden und dass Sie in der Begründung Ihrer Auswahl nicht überzeugend sein konnten, weil Informationen fehlen.

Manchmal gelingt der Verkauf dann trotzdem, aber er wird schwieriger. Also sparen Sie sich das. Der ideale Ausgangspunkt für die Abschlussphase ist gekommen, wenn alle Möglichkeiten ausgelotet und die Begründungen plausibel sind und wenn der Kunde weder Einwand noch Vorwand bringen kann. Hier gilt: Übung macht den Meister, genauso wie beim Abschluss selbst.

8.1 Abschlussfragen und -verhalten

> → **Aufgabe**
>
> *Welche Art Fragen sind in dieser Abschlussphase zu stellen? Bitte denken Sie einen Moment nach, bevor Sie weiterlesen, und schreiben Sie auf, welche Fragen Sie in dieser Situation stellen.*

Alternativfragen

Wenn alles klar scheint und der Abschluss greifbar ist, bietet es sich an, Alternativfragen zu stellen: „Wann soll ich vorbeikommen: Montag oder Dienstag?" „Die blaue oder die rote Markise?"

Die Erfahrung zeigt, dass die wenigsten Menschen in dieser Situation mit einem Nein reagieren bzw. mit einer Antwort, die mit den Vorgaben nichts zu tun hat.

Ja-Straße

Denkbar ist auch, dass Sie den Kunden auf die Ja-Straße führen: „Sie sind überzeugt, dass Ihre Söhne zufrieden sind mit der Außenbeschattung? Sie sind ebenso der Meinung, dass Sie damit Ihrem Mann einen echten Gefallen tun? Sie können sich selbst mit der Situation gut arrangieren? Sie sind der Ansicht, dass wir damit alle Beteiligten zufrieden stellen? Sie entscheiden sich für diese Lösung? ... Gut, dann können wir jetzt einen Termin ausmachen, um die Proportionen abzumessen und dann zu bestellen."

> → **Aufgabe**
>
> *Versuchen Sie, sich selbst eine Ja-Straße aufzubauen. Mit Ihrem Produkt und Ihren Argumenten im Mittelpunkt.*

Für Sie als Verkäufer ist die Ja-Straße ein guter Weg, sich selbst auf dieses Ja vorzubereiten. Denn darum geht es auch: dass Sie dieses Ja hören wollen. Sie haben über die ganze Wegstrecke des Verkaufs bis hierher eine integrative Position eingenommen.

Sie haben dem Kunden signalisiert, dass er entscheidet bzw. bestimmt. Sie haben Unwörter vermieden und nicht davon gesprochen, dass der Kunde irgendetwas muss. Sie haben ihn abgeholt bei seinen Problemen und Sie haben ihm Lösungen aufgezeigt.

→ *Praxis*tipp

Jetzt aber, in der Phase des Abschlusses, darf die Integration ein wenig zurück- und die Dominanz in den Vordergrund treten.

Heißt: Jetzt sind Sie an der Reihe, weil es jetzt darum geht, den Sack zuzumachen und die Ernte einzufahren.

Auf die Bedenken und Einwände der Kunden können Sie an dieser Stelle des Gesprächs viel konsequenter reagieren, wenn Sie die entscheidenden Positionen bereits ausgelotet haben. Dann können Sie sich erlauben, den Kunden in seiner eigenen Entscheidungskompetenz zu unterstützen. In dieser Phase geht es nicht mehr darum zu überzeugen, sondern die Entscheidung herbeizuführen. Die positive Entscheidung für den Kauf.

Sie können und dürfen in dieser Phase des Gesprächs Druck auf den Kunden aufbauen und deutlich machen, dass Sie jetzt für den Verkauf stehen. Seien Sie freundlich, aber unnachgiebig, beheben Sie Einwände und Vorwände (siehe Kap. 9.1), die an dieser Stelle kommen. Sie können das, weil Sie das entsprechende Wissen mitbringen.

Die Ja-Straßen-Methode zeigt auch auf, dass Sie tunlichst „Nein-Fragen" vermeiden sollten. „Sollen wir zur Kasse gehen?" Das lässt sich schnell mit einem Nein niederschmettern. Vermeiden Sie das unbedingt.

Kontrollfragen

Kontrollfragen lassen sich über den gesamten Verlauf des Verkaufsgesprächs einflechten und geben Ihnen die Möglichkeit, genau zu prüfen, ob der Kunde Ihre Ausführungen verstanden hat und ob er eventuell sogar schon kaufbereit ist.

In der Abschlussphase lässt sich die Kontrollfrage gut im Zusammenhang mit einem Fazit nutzen, das auf den Abschluss hinführt. Wenn Sie es geschickt formulieren, sind Sie gleich wieder auf der Ja-Straße:

„Habe ich Sie richtig verstanden, dass Sie nach einer ausgeklügelten Lösung für den Wintergarten suchen?" Das wäre eine Kontrollfrage, die Sie jederzeit in das Verkaufsgespräch einflechten können. Die Kontrollfrage am Ende – im Sinne einer Zusammenfassung – könnte dann entsprechend wie folgt lauten:

→ „Sie wollen auf jeden Fall einen Sonnenschutz für den Wintergarten?"
→ „Ihre Söhne wollen am Samstag dort die Sportschau schauen?"
→ „Ihr Mann weigert sich, weil er keine störenden Gardinen haben will?"
→ „Die Lösung mit der Außenmarkise ist für alle Beteiligten vorteilhaft? Sie eingeschlossen?"
→ „Wollen wir einen Termin für das Ausmessen machen?"

Kontrollierte Ja-Straße könnten wir das nennen – eine Straße, die sehr häufig zum Verkaufserfolg führt.

8.2   Die Preisverhandlung

Der Preis kann an dieser Stelle des Verkaufsprozesses zu einem Hindernis werden. Ob Sie diese Hürde nehmen, hängt davon ab, wie Sie die vorangegangenen Stufen gemeistert haben. Zu teuer? Es gibt Verkäufer, die den Standpunkt vertreten: „Zu teuer gibt es nicht. Wie kann eine Lösung, die den Mann, die beiden Kinder und die Mutter zufrieden stellt, alle Wünsche erfüllt, zu teuer sein?"

Erkennen Sie die Suggestivfrage dahinter? Die wird an dieser Stelle gern eingesetzt. Und sie funktioniert auch erstaunlich oft. Aber nicht jeder Verkäufer hat die Souveränität, bei dieser Haltung auch gegen die Einwände stehen zu bleiben. In diesem Fall zahlt es sich dann aus, wenn Sie sich und dem Kunden tatsächlich Verhandlungsmasse aufgebaut haben:

> „Wir sind uns einig, dass nur die Markise als Lösung in Betracht kommt?" „Ja." „Gut, was wollen Sie einsparen? Den elektrischen Hebel? Macht natürlich schnell mal 200 Euro aus. Oder wollen wir statt des sehr exklusiven lichtundurchlässigen Stoffes eine andere Variante nehmen? Da können wir dann insgesamt noch einmal 150 Euro sparen ..."

Sie sehen: Nicht der Kauf an sich, sondern die Produkteigenschaften werden infrage gestellt. Da bleibt der Verkäufer fest in seiner Haltung.

DAS „DRUMHERUM", DIE FEINHEITEN SIND ES, DIE VARIABEL GEHALTEN WERDEN KÖNNEN UND DEM VERKÄUFER DIE MÖGLICHKEIT GEBEN, ZU VERHANDELN.

Neben den Produkteigenschaften ist es auch die Zahlungsweise, die Ihnen in der Preisverhandlung Spielräume schaffen kann. Informieren Sie sich, welche Formen Ihr Unternehmen anbietet und was davon Sie in die Verhandlung einbringen dürfen:

→ Kreditkartenkauf oder sonstige bargeldlose Zahlung
→ Mietkauf
→ Skonto
→ Leasing
→ Inzahlungnahme der älteren Modelle
→ Ratenkauf
→ Variables Zahlungsziel

Bei Dienstleistungen sind zum Beispiel Pauschalpreise denkbar, erfolgsabhängige Zahlungsweisen finden überall Eingang. All diese Ansätze geben Ihnen Verhandlungsmacht an die Hand und bringen Sie in die Pole-Position.

Den Verhandlungsspielraum ausloten

> → **Aufgabe**
>
> *Bitte nehmen Sie sich einen Moment Zeit und schreiben Sie auf, welche Verhandlungsspielräume Ihre Produkte bieten (Farbe, Design, sechs oder acht Zylinder, mit oder ohne Nachfolgeregelung, elektrisch oder manuell ...?). Notieren Sie die Positionen. Immer dann, wenn Sie den Eindruck haben, dass der Preis zur Hürde wird, können Sie diese Positionen ins Feld führen.*

Ein Paar Schuhe für 30 Euro, das Sie schon nach fünfmaligem Tragen für zwölf Euro neu besohlen lassen müssen und bei dem sich, nur weil es einmal nass wird, der Leim auflöst, kann doch nicht wirklich preiswert sein. Billig vielleicht. Ein Paar Schuhe für 100 Euro, das mindestens zwei Saisons hält, ist dagegen zumindest maximal auf den ersten Blick teuer.

Für Kunden, die das Besondere lieben (Typ Mittelpunktmagnet und Freiheitsliebender), ist der „hohe Preis" ohnehin kein Thema. Aber auch die graue Maus ist tendenziell bereit, einen fairen Preis zu zahlen – schließlich strebt sie nach Sicherheit, und die hat nun mal ihren Preis. Für wen also ist Geiz wirklich geil?

- → Für die Prinzipienreiter? Ja, aber nur, wenn sie den Eindruck haben, tatsächlich das Gleiche für weniger zu bekommen.
- → Für Everybody's Darling? Ja, wenn es gelingt, die Umwelt positiv zu stimmen. Aber auch da gilt: Auf fünf oder zehn Euro kommt es nicht an, wenn am Ende alle zufrieden sind.

Wer also bleibt als Zielgruppe der „Geiz ist geil"-Welle? Das ist eine Frage, die sich die Verkäufer in den Fachgeschäften ernsthaft stellen sollten. Liegt es nicht letztlich an ihrem Versagen, dass die Kunden massenweise in scheinbar preiswerte Discounter strömen? Um dort oft vergeblich auf Beratung zu warten und den Markt dann doch mit teuren Produkten zu verlassen? Es gibt ganz kleine Fachgeschäfte, die diesem Trend entgegenstehen und die sehr erfolgreich ihr Ding machen. Sie alle haben gute Verkäufer.

> → **Aufgabe**
>
> *Halten Sie kurz inne und überlegen Sie, was Ihre Produkte tatsächlich „Preis-wert" macht. Warum ist billig nicht dasselbe wie preiswert und können Sie das dem Kunden argumentativ vermitteln?*

Kosten sind relativ, denn der Preis eines Produkts steht in Relation zu seinem Wert. Entschuldigen Sie, wenn ich mich wiederhole, aber man kann es kaum oft genug sagen: Ihnen als Verkäufer sollte absolut klar sein, dass das Produkt, das Sie anbieten, seinen Preis wert ist. Das ist nicht selbstverständlich, aber jede Unsicherheit ist für den Kunden spürbar – und stärkt seine Position. Jede Verhandlung wird dadurch für Sie erschwert.

Versuchen Sie auf jeden Fall, einen Bezug zu den Preisen der Produkte zu finden, die Sie verkaufen wollen. Machen Sie sich schlau über die ...

- → Gewinn bringenden,
- → Verlust vermeidenden,
- → Kosten sparenden und
- → Image fördernden Dimensionen Ihrer Produkte.

Das gibt Ihnen Verhandlungsmasse an die Hand.

> ### → Aufgabe
>
> *Machen Sie sich bitte ein paar Notizen, welche Punkte Sie diesbezüglich an Ihren Produkten herausstellen können. Auch hier sind wieder Zauberwörter wie „robust", „langlebig", „exklusiv" usw. von hoher Bedeutung.*

Mit diesen Punkten meistern Sie die Preisdiskussion erfolgreich. Vorausgesetzt, Sie bleiben hartnäckig und weichen in dieser Phase nicht von Ihrem Ziel ab, etwas zu verkaufen, bzw. von Ihrer Überzeugung, dass Sie für den Kunden das passende Produkt ausgewählt haben.

Die Grenzen klären

Den Spielraum auszuloten, ist die eine Sache, eine andere ist, dass Sie die Grenzen nicht vergessen:

WO DIE PREISLICHE GRENZE FÜR SIE LIEGT, ABER AUCH, WO DIE GRENZE FÜR SONSTIGE ZUGESTÄNDNISSE IST, SOLLTEN SIE IM VORFELD GEKLÄRT HABEN.

Es ist gut, wenn Sie an dieser Stelle die entsprechende Sicherheit ausstrahlen und dem Kunden vermitteln können, dass Sie keinen Schritt weiter gehen werden.

Standfestigkeit in diesem Sinne gehört auch zur Glaubwürdigkeit. Wenn die Spanne zwischen Anfangsangebot und tatsächlichem Kaufpreis bzw. tatsächlichen Kaufkonditionen groß ist, mag sich der Kunde als Gewinner fühlen. Aber wie sieht er Sie? Als Scharlatan, der anfangs zu viel verlangt hat und ihn über den Tisch ziehen wollte? Oder als Weichei, das dem Druck nicht gewachsen war? Beide Eindrücke sind nicht angenehm – und vor allem nicht förderlich für ein gutes, langfristiges Verhältnis zum Kunden.

Den Preis verkaufstaktisch richtig darstellen

Was können Sie tun, um dem Kunden den Preis schmackhaft zu machen? Um ihm zu vermitteln, dass der Preis seine Berechtigung hat? Hier ein paar hilfreiche Methoden (vgl. Goldmann 2006):

→ Vergleichsmethode
Teure Ware wird als „billiger" empfunden, wenn sie mit noch Teurerem verglichen wird. Notieren Sie, was in Ihrem Fall hier greifen könnte:

_____

_____

→ Demonstrationsmethode
Demonstrieren Sie noch mal anschaulich, was Sie zu bieten haben, zeigen Sie die Vorzüge Ihres Produkts „live". Womit könnten Sie bei Ihrem Produkt bzw. Ihrer Dienstleistung auf diese Weise überzeugen?

_____

_____

→ Kompensationsmethode
Stellen Sie alle Gegenwertfaktoren ins Rampenlicht, die einen höheren Preis mehr als aufwiegen. Was können Sie an Ihrem Produkt derart herausstellen?

_____

_____

→ Bagatellisierungsmethode
Diese Methode lohnt sich bei recht kleinen Preisunterschieden konkurrierender Waren: „Was spielen zusätzliche 35 Euro bei 30 Trikotsätzen schon für eine Rolle?"; „Fünf Prozent Preiserhöhung in fünf Jahren ist nun wirklich mehr als moderat ..." Fällt Ihnen dazu auch ein Argument für Ihre Produkte ein?

_____

_____

→ Aufteilungsmethode

Diese Methode besteht darin, dass die Kosten auf die gesamte Nutzungszeit verteilt werden: „Der Anschaffungspreis für diese Nähmaschine ist mit 390 Euro zwar hoch; die Maschine hält aber auch zehn Jahre und kostet damit pro Jahr 39 Euro, pro Monat zahlen Sie dafür nur gut drei Euro ..." Wie lässt sich die Langlebigkeit Ihrer Leistungen darstellen?

→ Gleichnismethode

Hier geht es darum, die Randbedingungen näher zu spezifizieren und auch in Preisen zu benennen: „Dieser Backofen hat die neueste Technologie und entsprechend seinen Preis. Nicht nur, dass das Brot krosser wird, nein, Sie können locker mit einer jährlichen Stromersparnis von 4.000 Euro rechnen, ganz abgesehen von den Einsparungen in den Rüstzeiten. Pro Tag sparen Sie mindestens zwei Mannstunden. Aufs Jahr hochgerechnet sind wir da dann doch auch bei 2.000 Euro." Der Überraschungseffekt ist gerade in diesem Bereich sehr groß. Bietet Ihre Produktpalette ähnliche Spielräume? Schreiben Sie es auf:

8.3   Kognitiver Dissonanzabbau: Kaufreue vorbeugen und Kunden binden

Sie haben es geschafft. Der Kunde hat Ihnen den Auftrag gegeben. Er hat Ja gesagt und seine Unterschrift gegeben bzw. er begleitet Sie zur Kasse. Sie freuen sich – und das sollten Sie auch tun. Aber wie geht es dem Kunden in diesem Moment? Freut auch er sich bedingungslos? Oder können Sie sich vorstellen, dass er Zweifel hat, seine Entscheidung infrage stellt? Dass er vielleicht doch nicht ganz und gar zufrieden ist, obwohl Sie sich auf eine Win-win-Situation einigen konnten? Schlüpfen Sie in seine Schuhe:

> Sie haben jetzt stunden-, tage-, ja wochenlang überlegt: Diesel oder Benziner? Den grauen oder den blauen Blazer? Die Eigentumswohnung oder doch das Haus? Urlaub am Meer oder in den Bergen? Und irgendwann haben Sie die Entscheidung getroffen. Sie nehmen den blauen Blazer. Was geht Ihnen durch den Kopf, wenn Sie die Tüte nun über die Schwelle tragen? Denken Sie insgeheim: „Hätte ich nicht doch den grauen Blazer nehmen sollen?" „Was wird mein Partner sagen?" „Das Blau ist ja doch recht auffällig ..." und, und, und.

Kaufreue nennt man das, oder auch „kognitive Dissonanz". Nachdem Sie Ihre Entscheidung ja letztlich zu 80 Prozent gefühlsmäßig getroffen haben, meldet sich nun wieder der Verstand. Und der hinterfragt eindringlich, ob die Entscheidung tatsächlich richtig war. Das ist zwar spät, aber es hat Gewicht. In der Praxis führt das zu unangenehmen Stornos, zu Umtauschaktionen, zu Reklamationen.

→ Aufgabe

Haben Sie eine Idee, wie Sie dieser Kaufreue als Verkäufer entgegenwirken können? Überlegen Sie, was Ihnen in der Position des Kunden guttun würde, und schreiben Sie es auf.

Bildlich gesprochen haben Sie das Eis erfolgreich zum Schmelzen gebracht. Wie aber leiten Sie das Schmelzwasser nun in die richtigen Kanäle? Durch Bestätigung. Während des Verkaufsgesprächs haben Sie sich zurückgehalten, haben Ihre Auswahl präsentiert und begründet. Die Entscheidung selbst lag natürlich beim Kunden. Sobald er sie getroffen hat, können Sie Ihre Meinung dazu kundtun und ihn darin bestätigen.

> „Mit dem Diesel haben Sie eine Investition getätigt, die sich nicht nur bei den Spritkosten bemerkbar machen wird. Auch Ihre beiden Kinder werden Ihnen dankbar sein. Sie haben eine gute Wahl getroffen." „Die Blazer passen beide, aber der blaue bringt Ihre Augen noch besser zur Geltung."

Lassen Sie den Kunden nicht gehen, ohne ihn noch einmal in seiner Wahl zu bestätigen. Aber Achtung: Der Schuss kann auch nach hinten losgehen. Wenn Sie beispielsweise der grauen Maus versichern: „Mit diesem Blazer sind Sie mit Sicherheit der Blickfang auf jeder Party", haben Sie das Storno so gut wie in der Tasche.

→ **Aufgabe**

Bitte suchen Sie für jeden Kundentyp am Beispiel Blazer einen Satz, der dazu beiträgt, dass der Kunde mit seinem Kauf zufrieden ist. Spielen Sie das Ganze auch für Ihre eigenen Produkte durch.

Graue Maus: _____

_____

Mittelpunktmagnet: _____

_____

Everybody's Darling: _____

_____

Prinzipienreiter: _____

_____

Freiheitsliebender: _____

_____

Auflösung: Es gibt viele Varianten, beispielhaft hier nur so viel: Graue Maus: „Mit diesem Blau machen Sie nichts falsch. Das passt zu allem, daran sieht man sich nicht satt." Mittelpunktmagnet: „Mit diesem Blazer werden Sie alle Blicke auf sich ziehen. Ein wirklich einmaliges Stück. Ich beglückwünsche Sie zu diesem Kauf." Everybody's Darling: „Diese Art von Blau ist neutral, das kann man zum Einkaufen, zum Elternabend, zum Shopping anziehen und es schaut immer gut aus." Prinzipienreiter: „Blau ist und bleibt eine klassische Farbe, die keinen modischen Schwankungen unterworfen ist." Freiheitsliebender: „Sitzt einfach perfekt. Ich freue mich, dass wir Ihnen einen solch passenden Blazer anbieten konnten."

Vergessen Sie nicht, sich beim Kunden für den Kauf zu bedanken. In den meisten Fällen ist jetzt der richtige Zeitpunkt, auch Kundendaten aufzunehmen. Notieren Sie sich genau Name, Anschrift, Telefonnummer und E-Mail-Adresse. Gut ist auch, wenn Sie gleich eventuelle Vorlieben und Charakteristika des Kunden notieren (z.B. Vorlieben für Marken, persönliche Eigenarten, Kundentyp).

All das sollte dann tunlichst in den PC eingetragen werden, damit es nicht nur Ihnen beim nächsten Treffen zur Verfügung steht, sondern auch der Marketing-Abteilung, der Werkstatt, dem Sekretariat. Sie alle profitieren vom Wissen, das Sie sammeln.

8.4   Nachbereitung

Niemand ist perfekt. Aber wer sich und seine Ware möglichst gut verkaufen will, braucht vor allem auch die Fähigkeit zur Selbstreflexion. Das setzt in erster Linie voraus, dass man sich selbst kritisch beobachtet. Bin ich mit mir zufrieden? War in dieser oder jener Situation nicht mehr drin? Habe ich in der einen oder anderen Gesprächsphase einen Fehler gemacht? Es ist wichtig, dass Sie das ehrlich mit sich ausmachen. Aber bitte bleiben Sie sich gegenüber fair.

Erfahrungsgemäß haben Menschen verschiedene Schwächen:
- → Die einen dehnen die Kontaktphase zu weit aus und schaffen es nicht, aus dem Smalltalk in die Gesprächsführung zu wechseln.
- → Andere fragen zu wenig und versuchen zu schnell, zur Sache zu kommen.
- → Wieder andere haben Schwierigkeiten in der Abschlussphase – sie wollen jetzt nicht den Knüppel aus dem Sack holen und das Ja zum Verkauf abholen.

→ *Praxis*tipp

Es ist wichtig, dass Sie genau beobachten, wo Ihre ganz persönlichen Stärken, aber auch Schwächen liegen.

Stellen Sie keineswegs die Schwächen vor die Stärken. Denn letztlich sind es die Stärken, die Sie dazu bringen, überhaupt Erfolg zu haben. Es ist viel einfacher, die Stärken weiter auszubauen, als die Schwächen zu überwinden. Letztlich geht es um eine Art Harmonisierung. Was nützt es, wenn Sie Meister in der Frage- und Argumentationsphase sind, aber im Abschluss nicht zum Zug kommen? Oder umgekehrt: Was ist, wenn Sie den Abschluss im Griff hätten, aber leider in der Fragephase so schwach sind, dass Sie gar nicht die Chance haben, abzuschließen, weil der Kunde immer wieder zur Fragephase zurückkommt?

Bei der Selbstreflexion unterstützt Sie die Aufgabe auf der nächsten Seite. Diese Art der Nachbereitung ist eine grundsätzliche. Sie soll Sie dazu bringen, in und auf sich selbst zu schauen. Wo liegen die sensiblen Punkte in Ihrer Verkaufsstrategie? Spüren Sie Ihren Schwachstellen nach, und wenn Sie sie entdeckt haben, versuchen Sie, etwas dagegen zu tun. Lesen Sie dazu das entsprechende Kapitel weiter vorne in diesem Buch und holen Sie sich Anregungen von anderen Verkäufern: Beobachten Sie die Bedienung im Restaurant, den Kundenbetreuer bei der Post, die Dame an der Rezeption. Wie reagieren all diese Leute auf die Kunden? Vergessen Sie dabei nicht, dass man auch aus negativen Beispielen lernen kann.

→ Aufgabe

Gehen Sie die Phasen des Verkaufsprozesses Schritt für Schritt durch und erstellen Sie Ihr persönliches Stärken- und Schwächenprofil.

Mentale Vorbereitung

Fragen, die Sie sich hier stellen sollten:

? *Kann ich mich sofort auf den Kunden einstellen?*

? *Bin ich in der Lage, mich auf ihn zu konzentrieren?*

? *Habe ich verinnerlicht, dass es ein Erfolg ist, wenn der Kunde in den Laden kommt bzw. mir einen Termin gibt?*

_____

_____

_____

Kontaktphase

Fragen, die Sie sich hier stellen sollten:

? *Fällt es mir leicht, Kontakt zu anderen aufzunehmen?*

? *Finde ich schnell Zugang zu anderen Menschen?*

_____

_____

_____

Fragephase

Fragen, die Sie sich hier stellen sollten:

? *Habe ich die Geduld zu warten, bis ich alle Infos habe?*

? *Bin ich ein guter Zuhörer?*

? *Oder rede ich eher selbst zu viel, um die Kunden ins Spiel zu bringen?*

_____

_____

_____

Argumentationsphase

Fragen, die Sie sich hier stellen sollten:

? *Bin ich auch in dieser Phase integrativ und versuche, den Kunden abzuholen?*

? *Habe ich überzeugende Argumente parat?*

_____

_____

_____

Abschlussphase

Fragen, die Sie sich hier stellen sollten:

? *Traue ich mich, dem Kunden entgegenzutreten?*

? *Traue ich mich, ihn nicht mehr entkommen zu lassen?*

? *Habe ich Angst, den Preis durchzusetzen?*

_____

_____

_____

Kognitiver Dissonanzabbau

Fragen, die Sie sich hier stellen sollten:

? *Ist es mir gelungen, die Entscheidung des Kunden zu bekräftigen?*

? *Konnte ich eventuelle Unsicherheiten noch ein wenig beseitigen?*

_____

_____

_____

Nachbereitung

Fragen, die Sie sich hier stellen sollten:

? *Habe ich die grundsätzlichen Fragen beantwortet?*

? *Kenne ich meine Stärken und Schwächen und kann ich damit jetzt bewusster umgehen?*

_____

_____

_____

Neben der grundsätzlichen Bewertung Ihrer persönlichen Fähigkeiten ist es absolut wichtig, dass Sie nach jedem Verkaufsgespräch eine Bilanz ziehen und nachbereiten, was genau gelaufen ist. Sie waren erfolgreich? Klasse, dann finden Sie bestimmt ein, zwei, drei Wege, die Sie beschritten haben und die Sie sich merken sollten. Bitte ergänzen Sie dann Ihre Listen. An welcher Stelle haben Sie was gesagt und womit haben Sie den Kunden überzeugt?

SIE HABEN ES MÖGLICHERWEISE GESPÜRT, ALS ES „KLICK" GEMACHT HAT. UND GENAU DAS SCHREIBEN SIE SICH AUF.

Genauso gut kann es natürlich auch sein, dass es nicht hingehauen hat. Dann sollten Sie mit sich ins Gericht gehen und genau notieren, was verbesserungsfähig ist. Auch dazu gehen Sie, genau wie in der Übung auf der vorangegangenen Seite, wieder Schritt für Schritt die einzelnen Phasen des Verkaufsprozesses durch.

Jetzt, nachdem das Gespräch gelaufen ist, sollten wir uns auch fragen: Haben wir den Kunden richtig eingeschätzt? Ist uns vielleicht die Argumentationsphase aus dem Ruder gelaufen, weil wir Argumente für einen Mittelpunktmagneten ins Feld geführt haben – und stattdessen einen Prinzipienreiter vor uns hatten? Das kann vorkommen und passiert auch den versiertesten Verkäufern. Trotzdem ist es Zeit zu fragen, bei welchen Typen Sie recht treffsicher sind und mit welchen Sie sich eher schwertun. Bitte notieren Sie auch das.

→ *Praxis*tipp

Sie können daran arbeiten, auch mit dem Kundentypus zurechtzukommen, der Ihnen nicht so liegt.

Wenn Sie korrekt in Ihre Rolle als Verkäufer geschlüpft sind, wird das einfacher gehen. Aber es wird natürlich Grenzen geben. Vielleicht ist es dann sinnvoll, wenn Sie sich einen Kollegen ins Boot holen, den Sie in kritischen Fällen dazunehmen können und der dann vielleicht das Ruder ganz übernimmt. Das kann durchaus eine bewährte Praxis werden, weil auch der Kollege seine „speziellen Typen" an Sie weitergeben kann.

9 Verkaufspraxis

9.1 Gegen Wände rennen: Kaufsignal Einwand

Stellen Sie sich folgende Situation vor: Sie haben den Eindruck, ganz kurz vor dem Abschluss zu stehen, wollen gerade die entscheidende Alternativfrage stellen. Da funkt Ihnen der Kunde dazwischen. Sie haben ihm alles über Taschen-, Federkern- und Schaumstoffmatratzen erzählt, ihm eine klare Empfehlung für die Schaumstoffmatratze gegeben und dazu sein Kopfnicken eingeholt. Nun stellt er ganz unvermittelt die Frage: „Ja, aber wie ist es, wenn ich allergisch reagiere?"

Eine Wendung, ein Argument tritt auf, das bisher unbeachtet blieb. Ein Einwand. Sicher waren Sie schon mal an dieser Stelle, welcher Verkäufer nicht. Sch...ade, haben Sie dann vermutlich zu sich gesagt. Aber was genau ist passiert?

→ **Aufgabe**

Jetzt, nachdem Sie die Verkaufstechniken kennen gelernt haben, können Sie sicher genauer benennen, was schiefgelaufen ist. Bitte denken Sie kurz darüber nach und schreiben Sie Ihre Gedanken auf.

Zwei Punkte sind es, die dem Kunden in dem obigen Beispiel einen Einwand ermöglichen:
- → Der Verkäufer hatte in der Fragephase zu wenig Informationen über den Kunden (Ist er Allergiker oder nicht?) recherchiert.
- → Damit konnte er in der Argumentationsphase nicht auf das Thema Allergie eingehen.

Das ist kein Beinbruch, maximal eine Prellung, weil die Gesprächstechnik nicht abgerundet war. Eine Verkaufsverhandlung ohne Einwände seitens des Kunden ist eher selten, weil Ihnen in der kurzen Zeit des Gesprächs sicher nicht alle Fragen einfallen werden.

Ein Einwand ist darüber hinaus keine wirkliche Schwierigkeit. Im Gegenteil. Der Einwand ist ein Kaufsignal. Das Zeichen, dass sich der Kunde ernsthaft mit dem Kauf beschäftigt, aber noch keine Entscheidung treffen kann. Der Einwand kann durch Ihre Kompetenz letztlich dazu führen, dass der Kunde kauft. Er braucht entweder Beratung bzw. Informationen (Sachebene) oder er sucht noch nach Unterstützung bei der Entscheidung selbst (Beziehungsebene).

→ Aufgabe

Bitte überlegen Sie, von welchem Kundentyp Sie die folgenden Einwände erwarten können. Vermerken Sie bitte auch, ob der Einwand auf der Sach- oder der Beziehungsebene angesiedelt ist.

1. „Ja, aber wenn Sie das dreimal in der gleichen Größe haben, bin ich ja blamiert, wenn mir das gleiche Outfit auf der Straße entgegenkommt."

Kundentyp: _____ Ebene: _____

2. „Im Internet bekomme ich das preiswerter."

Kundentyp: _____ Ebene: _____

3. „Ich weiß nicht, ob mein Mann das gut finden wird."

Kundentyp: _____ Ebene: _____

4. „Das ist schon ungewöhnlich für mich, da kann ich keine Entscheidung treffen."

Kundentyp: _____ Ebene: _____

5. „Ich bin noch nicht wirklich überzeugt, irgendetwas fehlt mir noch ..."

Kundentyp: _____ Ebene: _____

Auflösung: 1. Mittelpunktmagnet, Beziehungsebene; 2. Prinzipienreiter, Sachebene; 3. Everybody's Darling, Beziehungsebene; 4. Graue Maus, Beziehungsebene; 5. Freiheitsliebender, Beziehungsebene

Einem Einwand können Sie ähnlich wie einer Reklamation (vgl. Kap. 9.2) mit einem bestimmten Schema begegnen:

Einwandbehandlung

1. Hören Sie aufmerksam zu, was der Kunde einzuwenden hat.
Denken Sie daran: Er ist wirklich interessiert, ist sich aber in seiner Entscheidung noch nicht sicher. Entweder scheint ihm die Argumentation nicht schlüssig oder er sieht seine Bedürfnisse nicht wirklich befriedigt bzw. sein Problem nicht gelöst. Denkbar ist auch, dass er ein Zugeständnis von Ihnen erreichen will.

2. Widersprechen Sie nicht

..., denn in aller Regel steht ein Sach- oder Beziehungsthema hinter dem Einwand. Mit einem Widerspruch funken Sie dem Kunden in die Parade und zweifeln seine Kompetenz an. Auch und gerade wenn der Einwand deutlich macht, dass der Kunde tatsächlich kein Verständnis hat, sollten Sie ihm ein gutes Gefühl vermitteln.

3. Finden Sie die Gründe für den Einwand heraus.

Zu teuer? Das ist ein dehnbarer Begriff: Ein Produkt kann in der Wahrnehmung des Kunden zu teuer sein, weil er es sich nicht leisten kann, weil das Preis-Leistungs-Verhältnis seines Erachtens nicht stimmt, weil der Wettbewerb ein besseres Produkt anbietet, etc.

4. Argumentieren Sie gegen den Einwand und bringen Sie überzeugende Gegenargumente ein.

Teurer als der Konkurrent? Ja, aber mit mehr Service und damit mittelfristig gesehen doch preiswerter. Der Kunde kann sich das Produkt so nicht leisten? Dann überlegen Sie, welche Leistungen Sie streichen können, um das Ganze finanzierbar zu machen. Das Preis-Leistungs-Verhältnis stimmt nicht? Denken Sie darüber nach, was Sie anbieten: Welche Leistungen haben Sie eventuell noch nicht aufgezählt? Ist ein Rabatt möglich?

Nicht immer wird es gelingen, den Einwand aus der Welt zu räumen. Das kann drei Gründe haben:
- → Sie konnten den Kunden aus sachlichen Gründen nicht überzeugen – dann ist das Geschäft geplatzt.
- → Sie konnten dem Kunden auf der Beziehungsebene nicht angemessen begegnen.
- → Es handelt sich gar nicht um einen Einwand, sondern um einen Vorwand. Ein Vorwand ist kein Verkaufssignal, sondern ein Warnzeichen, dass der Verkauf kippt und es zu keinem Abschluss kommen wird.

EINWÄNDE LASSEN SICH AUSRÄUMEN, VORWÄNDE LASSEN SICH NUR UMGEHEN.

Sie stellen im wahrsten Sinne des Wortes eine Wand dar, gegen die Sie rennen – und ob es gelingt, die Wand einzureißen, ist schwierig zu erkennen.

„Keine Zeit", „Jetzt noch nicht, vielleicht später", „Darüber muss ich erst noch mal nachdenken / mit meinem Mann reden", „Kein Bedarf" – diese Aussagen können sowohl Ein- als auch Vorwand sein. Haben Sie eine Idee, wie Sie die beiden unterscheiden können? Welche Frage könnten Sie stellen, um einen Vorwand als solchen zu entlarven?

Geeignete Entgegnungen des Verkäufers können z.B. diese sein:
- → „Angenommen, wir können die störende Reflexion verhindern: Wären Sie dann interessiert?"

→ „Was wäre, wenn wir im Preis zehn Prozent runtergehen könnten? Wäre das dann für Sie vorstellbar?"
→ „Gehen wir davon aus, dass wir Schatten erzeugen, ohne dass Gardinen den Wintergarten stören. Wären Sie dann an der Beschattungslösung interessiert?"

Wenn auf solche Vorschläge ein klares Nein folgt oder weitere Bedenken geäußert werden, können Sie davon ausgehen, dass es sich um einen Vorwand handelt. Wichtig ist, dass Sie dann die Nerven behalten. Noch ist der Verkauf nicht verloren, nur die Erfolgswahrscheinlichkeit sinkt.

Umgang mit Vorwänden

→ Zeigen Sie vor allem erst einmal Verständnis für das Argument, das eigentlich ein Vorwand ist.
→ Nehmen Sie dem Vorwand dann die Schärfe durch eine „Was wäre, wenn..."-Frage.
→ Kommt eine Absage, sollten Sie mit W-Fragen prüfen, ob Ihnen der Kunde entgleitet: „Was spricht dann noch gegen das Produkt?"

Sollten all diese Strategien nichts nutzen, können Sie davon ausgehen, dass der Kunde wirklich nicht kaufen will. Es schadet nicht, wenn Sie das dann auch offen erklären: „Ich möchte unser Produkt nicht anbieten wie sauer Bier. Sie können gerne sagen, dass Sie kein Interesse an unserem Angebot haben. Damit kann ich leben." Oder: „Ich habe den Eindruck, dass Sie kein Interesse an unseren Leistungen haben. Das ist schade, aber wir verstehen, wenn sich Angebot und Bedürfnis Ihrerseits nicht decken."

Manchmal ist das sogar eine letzte Schleife, um den Kunden doch noch auf die eigene Seite zu holen. Meist aber wird aus diesem Projekt nichts mehr. Und da ist es nur verständlich, wenn Sie ökonomisch denken und das Gespräch nicht weiter in die Länge ziehen. Der Kunde wird das mit hoher Wahrscheinlichkeit begrüßen und dankbar sein für Ihr Verständnis. Eventuell gibt das den Ausschlag, dass er in einer anderen Sache wieder an Sie bzw. das Unternehmen denkt.

9.2 Fehler sind menschlich: Reklamationsbearbeitung

Reklamationen sind meist unangenehm. Zumindest auf den ersten Blick. Da taucht jemand ganz unvermittelt auf und will seinen Ärger ablassen. Der ist manchmal unberechtigt, oft gibt es aber Gründe dafür, warum der Kunde sich aufregt. Für Sie ist es vielleicht besonders leidig, weil Sie für den Vorfall oft gar nicht verantwortlich sind. Weil der Fehler in der Produktion, in der Logistik, beim Marketing oder wo auch immer lag. Pech für Sie, wenn Sie – als Oberfläche des Unternehmens – jetzt für das geradezustehen haben, was im Hintergrund schiefgelaufen ist. Das ist Ihr Job an der Front. Lehnen Sie sich zurück und versetzen Sie sich in eine Situation, in der genau das passiert ist:

→ Aufgabe

Ein wütender Kunde ruft an, beschwert sich und hat auch seine gute Kinderstube ein Stück weit verlassen – Sie sind das Opfer ...

? *Wie haben Sie sich gefühlt? Wie haben Sie reagiert? Was ist auf der Sach- und was auf der Beziehungsebene abgelaufen?*

_____

_____

_____

Wir drehen den Spieß um: Sie sind jetzt der Kunde, der sich beschwert. Sie haben sich wirklich sehr geärgert. Aus Ihrer Sicht zu Recht. Schließlich haben Sie dem Kauf nur zugestimmt, wenn die Lieferung rechtzeitig zum 30. Juni erfolgt. Ihre Tochter wird am 1. Juli 18 Jahre alt und Sie wollten ihr den lang ersehnten iPod schenken. Aber der ist nicht geliefert worden. Wie fühlen Sie sich? Sie nehmen den Telefonhörer in die Hand und rufen an, um sich zu beschweren.

? *Welche Reaktion des Verkäufers ärgert Sie? Welche Reaktion beruhigt Sie, stimmt Sie vielleicht sogar versöhnlich?*

Das ärgert mich: _____

_____

_____

Das beruhigt mich: _____

_____

_____

„Tja, da kann man nichts machen!" „Da ist der Lieferant schuld!" „Da müssen Sie morgen noch mal kommen, das kann ich jetzt hier nicht erkennen am PC" – sind das nicht die Dinge, die einen in einer Reklamationssituation als Kunde ärgern und wütend machen? Andersherum: Ist es uns als Verkäufer nicht auch schon so gegangen? Haben wir uns nicht auch schon mal geärgert über einen Kunden, der uns seinen ganzen Frust vor die Füße wirft?

Vermutlich erkennen Sie: Je nachdem, in wessen Schuhen ich stehe, verändert sich der Anspruch an das Gegenüber. Das ist wichtig zu wissen. Und es kommt noch mehr dazu: Eine Reklamation ist eine wunderbare Chance für Verkäufer.

→ *Praxis*tipp

Die Reklamationsbearbeitung birgt die Möglichkeit, aus einem unzufriedenen einen guten Kunden zu machen.

Sie ist das Paradestück der Kundenbindung – und die ist ja bekanntlich einfacher als die Kundenfindung.

Mit diesen Erkenntnissen im Hinterkopf haben wir die Miete schon zu wesentlichen Teilen eingefahren. Allerdings funktioniert das nur mit einer professionellen Reklamationsbearbeitung.

Wie gewinnen wir den Kunden?

Denken Sie an Ihre Rolle als reklamierender Kunde: Was erwarten Sie? Auf welcher Ebene wollen Sie abgeholt werden: auf der Sach- oder der Beziehungsebene?

DIE MEISTEN REKLAMIERENDEN KUNDEN ERWARTEN ZUNÄCHST EINMAL, DASS SIE MIT IHRER BESCHWERDE ERNST GENOMMEN WERDEN. DASS IHR GEGENÜBER VERSTÄNDNIS ZEIGT UND SICH ENTSCHULDIGT!

Würden Sie zustimmen? Und teilen Sie die Ansicht, dass dieses gewünschte Verhalten keine besonderen Schwierigkeiten darstellt? Gut, trotzdem sieht die Realität anders aus. Hier eine Auswahl von Antworten – aus dem Leben gegriffen.

- → Die Beschwerde wird infrage gestellt: „Das kann nicht sein." „Das kommt bei uns nicht vor."
- → Ein Schuldiger wird gesucht: „Das war meine Kollegin, die macht öfter solche Sachen." „Das war die Backstube. Die hat Schuld, ich kann nichts dafür."
- → Die eigene Person wird gerechtfertigt: „Ich kann dafür nichts." „Da bin ich doch nicht schuld."
- → Die Zuständigkeit wird verschoben: „Ich kann Ihnen da gar nicht helfen, da müssen Sie sich an die Abteilung XY wenden."
- → Der Kunde wird in eine Diskussion verwickelt: „Das dürfen Sie so ja auch nicht machen, das geht ganz anders."
- → Unsicherheit wird mit Arroganz überdeckt: „Das ist dann jetzt Ihr Problem."

Ist Ihnen das auch schon mal so ergangen? Glauben Sie etwa, dass wir damit die zweite Chance, die der Kunde uns ja mit seiner Reklamation bietet, ergriffen haben? Nun, das war zugegebenermaßen eine Suggestivfrage. Also eher unzulässig. Aber an dieser Stelle nicht schlecht, oder?

Zurück zu unserem Kunden. Was bewegt ihn, was treibt ihn zur Reklamation? Ist es die Sachebene? Oder die Beziehungsebene? Vermutlich beides, und vermutlich in unserer 20/80-Konstellation. Nur zu 20 Prozent wird die Frage „Hat der da Recht oder nicht?" bei der Reklamation von Bedeutung sein. Letztlich treiben den Kunden doch ganz andere Motive an:

> → **Aufgabe**
>
> *Stellen Sie sich folgende Situation vor:*
>
> *Älterer Herr, Stammkunde, betritt Bäckerei. Er gehört eher zu der vornehmen Art, gibt sich nur bedingt aufgeregt,*
>
> *bringt aber seine Sache zur Sprache: „Seit Jahren kaufe ich hier mein Leinsamenbrot. Das hat bei mir immer eine Woche gehalten. Und jetzt plötzlich fängt es nach vier Tagen an zu schimmeln. Ich zahle immer mehr und bekomme eine schlechtere Qualität. So geht das nicht weiter."*
>
> *Wie reagieren Sie? Schreiben Sie drei Möglichkeiten auf.*
>
> _____
>
> _____
>
> _____

Hier einige Reaktionen der Verkäuferkollegen – an denen Sie sich kein (!) Beispiel nehmen sollten, auch sie (leider) aus dem Leben gegriffen:
- → „Eine Woche ist doch auch viel zu lang."
- → „Dann kaufen Sie eben nur ein halbes Brot."
- → „Da hat Ihnen meine Kollegin wohl ein altes Brot gegeben."
- → „Dafür kann ich nichts."
- → „Kann man nix machen, das ist halt so. Alles verdirbt mal."

Haben Sie erkannt, dass keine der Aussagen irgendetwas mit dem Bedürfnis des älteren Herrn zu tun hat? Er will nicht wissen, wer es zu verantworten hat, dass das Brot nach vier Tagen anfängt zu schimmeln. Und er macht die Verkäuferin hinter der Theke keinesfalls zum Sündenbock. Er will nur eine Lösung für sein Problem. Sein Problem ist, dass er sein Brot grundsätzlich über eine Woche verteilt isst. Weil er nämlich nicht so oft auf die Straße kann mit seiner Gehbehinderung.

Ob er auf der Sachebene Recht hat, wäre zu prüfen. Auf der Beziehungsebene hat er Recht. Er hat eine gute Lösung gefunden und die hat bisher funktioniert. Jetzt tut sie das nicht mehr.

→ *Praxis*tipp

Denken Sie daran: Der Kunde hat sich geärgert und er gibt uns eine zweite Chance. Die sollten wir nutzen.

Die Stufen der Reklamationsbearbeitung

Was erwartet der Kunde in einer Situation, in der er mehr oder weniger stark aufgebracht ist? Die seinen Lebensrhythmus aus dem Takt bringt? Was glauben Sie, wo befindet er sich – auf der Sach- oder der Beziehungsebene?

Aufmerksamkeit und Verständnis zeigen

Vermutlich wünscht der Kunde sich erst einmal Aufmerksamkeit und Verständnis. Er will, dass seine Beschwerde ernst genommen wird. Dass seine Not gesehen wird. Jetzt muss er nämlich doch häufiger das Haus verlassen – und dabei tut ihm jeder Schritt weh.

Es gilt, ihn auf der Beziehungsebene abzuholen. Ob er Recht hat oder nicht, ob sein Verhalten korrekt war oder nicht: Das ist erst einmal völlig egal. Der Kunde ist emotional geladen, und wenn wir Störungen in der Kommunikation vermeiden wollen, dann sollten wir ihm entgegenkommen:

WIR HÖREN IHM ZU UND ZEIGEN, DASS WIR IHN VERSTEHEN.

Denn wenn er seit längerer Zeit ohne Schwierigkeiten das Brot eine Woche aufbewahrt, dann ist es erklärungsbedürftig, warum es jetzt vorzeitig schimmelt.

Emotional mitgehen

Wir versuchen, die Verwunderung des Kunden, oder in anderen Fällen seinen Ärger, nachzuvollziehen und gehen emotional mit ihm mit. „Das ist sehr ärgerlich, jetzt mussten Sie noch mal herkommen (obwohl Sie Gehprobleme / keine Zeit haben).“

Problemlösung anbieten

Wir argumentieren nicht. Wir zeigen, wie ernst wir seine Beschwerde nehmen und stellen ihm eine Lösung seiner Probleme in Aussicht. Zum Beispiel: Wir versprechen, die Backstube oder wen auch immer zu informieren, dass dieses Problem aufgetreten und in Zukunft bitte zu vermeiden ist.

Fachliche Tipps geben

Wir geben ihm fachliche Tipps, wie er das Brot lagern kann, damit es nicht mehr schimmelt (wenn das die Beschwerde war). Das kann ein Keramikbehälter oder ein Leinensack sein. Wenn der Kunde sich beschwert hat, dass die Brötchen nach dem Auftauen nicht mehr knackig waren, erklären wir ihm, dass er sie kurz aufbacken und dabei vorher nass machen soll.

SOLCHE TIPPS, DIE WIR IHM AUFGRUND UNSERES FACHWISSENS GEBEN KÖNNEN, ÜBER-ZEUGEN DEN KUNDEN WIRKLICH DAVON, DASS ER IM RICHTIGEN GESCHÄFT EINKAUFT.

Ein Zuckerl obendrauf?

Je nach Lage der Dinge kann es sinnvoll sein, dem reklamierenden Kunden einen Ersatz anzubieten. Ein frisches Leinsamenbrot als Entschädigung ist wirklich nicht der Rede wert, gemessen an dem, was an Aufwand betrieben werden muss, um einen neuen Kunden zu finden und zu binden.

Das ist selbstverständlich mit der Geschäftsleitung abzusprechen, aber die hat meist kein Problem mit der Gabe von „Produktproben".

Wenn die Reklamation begründet war, können wir auch einen Zusatz anbieten, das aber nicht als Gratisdreingabe. Können wir ihm nicht ein haltbares Vollkornbrot anbieten? Eines, das er auf jeden Fall gut lagern kann? Wenn es ihm schmeckt, kann er vielleicht auch variieren, kann mal zwei Semmeln kaufen, ein halbes Leinsamenbrot und ein halbes Vollkornbrot.

Was erreichen wir mit diesem Vorgehen? Wir fangen nicht nur den Ärger des Kunden auf, nein, wir zeigen ihm darüber hinaus, dass wir verstanden haben, mehr noch, dass wir als Fachleute sein Problem richtig in den Griff bekommen und ihm eine neue Form der Lösung anbieten: breiter, variantenreicher, zufrieden stellender.

Die Erfahrung zeigt, dass eine positive Reklamation mindestens zwei positive Effekte mit sich bringt:
→ Sie gibt Ihnen die Chance, Kompetenz zu zeigen. Damit gewinnen Sie auf der Sachebene.
→ Sie gibt Ihnen die Chance, auf der Beziehungsebene zu überzeugen, wenn Sie in der Lage sind, dem Kunden das Gefühl zu geben, dass es sich um einen einmaligen Fehlgriff handelt, der nun mit aller Konsequenz wieder umgewandelt wird.

Wenn Sie die Reklamation als eine Chance betrachten, um den Kunden für sich zu gewinnen, und wenn Sie in der Lage sind, von Ihrer Person zu abstrahieren, dann gibt es bei jeder Reklamation zwei Gewinner: den Kunden und den Verkäufer.

Manchmal kommt es allerdings auch zu Situationen, in denen der Kunde nicht einfach seinem Ärger Luft macht, sondern Sie persönlich beleidigt und dabei in der Wortwahl nicht zimperlich ist. Was tun? Schlucken? Keinesfalls.

ANGRIFFE UNTER DER GÜRTELLINIE KÖNNEN SIE RUHIG, ABER BESTIMMT VON SICH WEISEN.

„Wieso beleidigen Sie mich persönlich?" „Bitte lassen Sie solche Beleidigungen." Das ist legitim und rückt auch die Positionen klar: Sie bemühen sich um die Zufriedenheit des Kunden, aber Sie sind nicht sein Lakai. Das dürfen Sie klarstellen.

9.3 Alternativverkauf

„Ich hätte gern ein paar Wiener Würste." – „Die sind heute schon aus." Punkt. Die klare Trennlinie ist gezogen. Der Kunde will etwas – das haben wir nicht. Sonst gibt es ja auch nichts mehr zu sagen. Oder etwa doch? Sie meinen, Rindswürste, Krainer, Frankfurter und wie sie alle heißen wären ein Ersatz für Wiener? Ja, warum nicht!

> ### → Aufgabe
>
> *Was könnten Sie tun, wenn ein Kunde einen recht klaren Wunsch formuliert und Sie ihn gerade nicht sofort befriedigen können? Bitte schreiben Sie Ihre Gedanken, vielleicht sogar Ihre Erfahrungen auf. Denken Sie daran: Wer fragt, der führt.*

Zunächst einmal: Verzagen Sie nicht. Der Kunde hat etwas bestellt, was er kennt, nicht unbedingt etwas, was seine Bedürfnisse maximal befriedigt. Es ist durchaus realistisch anzunehmen, dass er nicht alle Möglichkeiten kennt, die sich ihm bieten. Die einzelnen Kundentypen werden allerdings vermutlich verschieden auf solche Alternativangebote reagieren:

- → Ein Prinzipienreiter wird von seinem klaren Wunsch meist schwerlich abzubringen sein.
- → Und vielleicht hat auch die graue Maus erst einmal Berührungsängste mit Alternativen.
- → Aber der Mittelpunktmagnet wird sich neuen Alternativen gegenüber mit ziemlicher Sicherheit offen zeigen.
- → Auch Everybody's Darling ist geneigt, nach Neuem Ausschau zu halten, wenn der Eindruck entsteht, dass damit die Mehrheit aller anderen zufrieden zu stellen ist.
- → Der Freiheitsliebende wird ohnehin davon überzeugt werden können, dass es Dinge gibt, die für ihn gut sind, auch wenn er sie noch nicht kennt.

Also bitte: Kapitulieren Sie nicht, wenn der Kunde explizite Wünsche formuliert, die Sie aktuell oder generell nicht erfüllen können. Es könnte der Beginn einer langen Beziehung sein, wenn es Ihnen gelingt, die Alternativen schmackhaft zu machen.

Welche Schritte sind jetzt zu tun? Bitte erinnern Sie sich an die vorherigen Kapitel. Was haben wir über Psychologie, Methodik und Technik festgehalten? Wenn der Kunde Hausbrot bestellt, könnten Sie etwa fragen: „Sie mögen Hausbrot? Wieso Hausbrot?" Der Kunde wird antworten: Preis niedrig, würziger Geschmack, weiche Kruste usw. Das ist Ihr Ansatzpunkt. Weiche Kruste hat das Sonnenbrot auch, aber es ist billiger / würziger / allseits beliebt!

Wenn Sie den Kunden kennen und meinen, dass er ein Mittelpunktmagnet ist, könnten Sie antworten: „Jetzt habe ich auf Sie gewartet, weil wir heute erstmalig unser neues Backteigbrot anbieten. Wollen Sie das nicht mal probieren und uns vor allem auch ein Feedback geben? Das wäre ganz wunderbar." Achtung: Ist Ihnen aufgefallen, dass noch nicht erwähnt wurde, dass Sie gar kein Hausbrot haben?

→ **Aufgabe**

Was jetzt noch fehlt, sind die Strategien für die anderen Kundentypen. Was würden Sie ihnen in diesem Fall anbieten? Schreiben Sie Ihre Vorgehensweise bitte auf.

Graue Maus: _____

_____

Mittelpunktmagnet: _____

_____

Everybody's Darling: _____

_____

Prinzipienreiter: _____

_____

Freiheitsliebender: _____

_____

Auflösung:
Die graue Maus wird es eher nicht wagen, ein gänzlich neues Brot zu kaufen, aber sie wird vielleicht dieses eine Mal auf die Sonnenblumenkernvariante ausweichen, weil die genauso oft gekauft wird wie das Hausbrot.
Everybody's Darling lässt sich bestimmt von einem anderen Brot überzeugen, wenn wir ihm oder ihr glaubhaft versichern, dass diese Sorte bei allen Kunden gut ankommt.
Der Freiheitsliebende wird sich leicht mit einer neuen Sorte anfreunden, wenn es Ihnen gelingt, ihm klarzumachen, dass seine Bedürfnisse (die Sie vorher abgefragt haben) besser mit dem Krustenbrot befriedigt werden.
Beim Prinzipienreiter wird es sehr schwierig. Aber vergessen Sie nicht, dass die Alternativen für diesen Typ grundsätzlich schlecht stehen. Wo soll er denn noch hingehen um 19 Uhr? Haben wir nicht ein Angebot, das auch ihn überzeugen könnte? Machen Sie sich Ihre Gedanken darüber und fragen Sie sich: Was können wir dem Prinzipienreiter für welche Produktanfrage (und zwar sowohl beim Ausfall eines unserer Produkte als auch im Vergleich zum Wettbewerb) anbieten? Es lohnt, wenn Sie sich dafür Zeit nehmen, denn nur so werden Sie das Ziel erreichen, den Kunden nicht gehen zu lassen, ohne dass er irgendeinen Bon mitnimmt oder einen Auftrag unterschreibt.

Das Bäckereigeschäft, das wir als Beispiel gewählt haben, ist eher schnelllebig: Kunde kommt, wählt, zahlt, geht. In der Dienstleistungsbranche, im exklusiveren Einzelhandel oder im Handwerk sind die Investitionssummen meist höher als die zwei Euro für den Laib Brot. Entsprechend mehr Zeit nimmt sich der Kunde. Die gilt es zu nutzen.

Der Alternativverkauf steht und fällt damit, dass Sie ...

→ von Ihrem Produkt überzeugt sind (mentale Vorbereitung),
→ schnellstmöglich das Anliegen des Kunden herausfinden (Kontakt- und Fragephase) und
→ eine echte und begründete Alternative anbieten (Argumentationsphase).

Wenn es Ihnen jetzt auch noch gelingt, Zauberwörter gekonnt einzusetzen, verlässt der Kunde mit hoher Wahrscheinlichkeit den Laden nicht bzw. steigt nicht aus dem Gespräch aus, ohne etwas zu kaufen. Dazu genügt es ja schon mal, einen Tick besser zu sein als die Mehrheit der Verkäufer.

Sie sagen also nicht: „Das haben wir nicht im Sortiment", „Da müssen Sie nächste Woche wiederkommen, dann haben wir das" oder „Das bekommen Sie nebenan bei Schneeberger ...", sondern zum Beispiel:

→ „Hausbrot? Einen Moment bitte, ich schaue gleich nach. Darf ich Ihnen in der Zwischenzeit unseren Schmusekipf anbieten? Er hat dieselbe Zusammensetzung und ist heute im Angebot. Hier, probieren Sie selbst ..."
→ „Interessant, dass Sie sich für diese sehr exklusive und ausgefallene Variante interessieren. Sie scheinen Ihrer Zeit voraus zu sein. Darf ich Ihnen deshalb mal kurz unseren Geheimtipp präsentieren?"

Wir hatten oben festgehalten, dass es beim Prinzipienreiter schwierig sein wird, ihn von seiner eingefahrenen Schiene abzubringen. Stellen Sie sich bei diesem Typ darauf ein, dass er nicht kauft. Aber wenn er Ihre Alternativen ausschlägt, sollten Sie die letzten Möglichkeiten doch noch ausschöpfen. Die liegen dann meist im Service:

Zunächst empfiehlt es sich, den Prinzipienreiter genau zu informieren, wann er das Hausbrot immer frisch haben kann: „Unser Hausbrot wird täglich um neun Uhr frisch geliefert und von Mittwoch bis Freitag auch noch mal um 14 Uhr." Damit ist ihm schon mal geholfen. Wenn Sie dann noch fragen, ob Sie an einem bestimmten Tag ein Brot für ihn zurücklegen sollen, ist auch er zu überzeugen.

Handelt es sich um ein größeres Produkt, beispielsweise um eine Waschmaschine, können Sie den Service ausweiten und vorschlagen, dass Sie anrufen, sobald die Ware eingetroffen ist. Oder noch besser: Sie kündigen gleich den Lieferservice an.

Natürlich ist bei diesem Kundenservice darauf zu achten, dass die Kirche im Dorf bleibt. Sie kennen vielleicht den Witz, dass der Lieferwagen die nächsten drei Stunden nicht verfügbar ist, weil er gerade einen Suppenwürfel ausliefert. Achten Sie darauf, solche Missverhältnisse zu vermeiden. Sie werden ohnehin nur mit der Situation konfrontiert, wenn der Alternativverkauf nicht funktioniert.

9.4 Zusatzverkauf

In vielen Unternehmen ist der Kassenbon ein Qualitätsmesser des Verkäufers. Was zählt, ist nicht nur die Anzahl der Bons, sondern auch die Anzahl der Teile pro Bon. Diese Kennzahl ist eine wichtige Komponente im Verkauf.

Während die Anzahl der tatsächlichen Bons davon zeugt, dass der Verkäufer aufmerksam ist, die Kunden kontaktiert und vermutlich den Alternativverkauf beherrscht, zeigt die Anzahl der verkauften Positionen, ob der Verkäufer in der Lage ist, den Kunden für die Produkte des Hauses zu gewinnen. Gleiches gilt natürlich für die Absatz- und Umsatzentwicklungen bei den jeweiligen Kunden.

> Lassen Sie uns gedanklich wieder in die Boutique wandern. Die Kundin will eigentlich nur einen Blazer, verlässt den Laden aber zusätzlich mit einem Seidenschal und der dazu passenden Handtasche.

Zusatzverkauf läuft in der Hauptsache über zwei Schienen:
- → Sie verkaufen über den Preis oder über Angebote.
- → Sie verkaufen über Ihre Fachkompetenz – und zwar z.B. die Lösung für ein bisher unerkanntes Problem.

Zusatzverkauf über den Preis oder Sonderangebote

Der Kunde verlangt zwei Semmeln, drei sind im Angebot. Da sollte es einfach sein, die dritte mitzuverkaufen. Das ist sicher die einfachste Variante des Zusatzverkaufs. Denkbar ist auch, dass der Verkäufer gezielt auf die Angebote aufmerksam macht: „Wir haben übrigens heute die Beutel für diesen Staubsauger im Angebot. Nehmen wir ein Paket dazu?" „Wenn Sie die Premium-Variante nehmen, ist der Kundendienst zwei Jahre kostenlos dabei. Das rechnet sich." Auch wenn die „Geiz ist geil"-Welle wieder etwas abebbt, lässt sich doch zeigen, dass Verbraucher positiv auf solche Schnäppchen reagieren. Das sollten Sie durchaus nutzen.

Zusatzverkauf über Fachkompetenz und Sortiment

Etwas schwieriger wird es, wenn Sie nicht über den Preis, sondern über Ihre Fachkompetenz und das Sortiment verkaufen: „Für diese exklusiven Schuhe gibt es Geleinlagen, die verhindern, dass der Fuß zu weit nach vorne rutscht." Kein Sonderpreis, aber ehrlich gesagt auch keine riesige Investition. Geleinlagen kosten drei Euro, das ist verkraftbar für den Kunden – und für den Verkäufer eine gute Übung im Zusatzverkauf. Der könnte nämlich gerade im Schuhbeispiel auch in einer hochpreisigeren Handtasche oder in einem Gürtel bestehen.

Die einfache Badewanne ohne den erschwinglichen Luxus von Massagedüsen? Schade, mehr als schade. Das sollte der Kunde spüren. Die Außenbeschattung am Wintergarten ohne die passenden Stoffbezüge auf den Kissen und Stühlen? Das Abendkleid ohne die dazu passende Stola?

→ **Praxis**tipp

Der Zusatzverkauf über Fachkompetenz erfordert Ihr Wissen und natürlich auch die Fähigkeit, sich auf den Kunden einzustellen, damit Sie das Argument treffen, das den Kunden überzeugt.

→ Aufgabe

Bitte überlegen Sie, welche Zusatzartikel sich bei den Produkten bzw. Leistungen aufdrängen, die Sie in Ihrem Portfolio haben. Schreiben Sie die Punkte gleich auf und ergänzen Sie die Liste, wann immer es geht.

Ein Wort zum Schluss: Bitte bedenken Sie, dass im Zusatzverkauf meist eine hohe Gewinnspanne steckt. Nicht nur, weil das quasi als Beitrag zu Ihrer Leistung einfach obendrauf kommt, sondern weil die Spannen in diesen Zusatzartikeln meist recht hoch sind. Damit machen Sie Ihrem Unternehmen eine Freude, und als Verkäufer sollten Sie wissen, dass auch Sie letztlich davon profitieren, wenn das Unternehmen gut dasteht.

10 Verkaufsbedingungen

Wenn der Kunde zu Ihnen kommt, sind Sie in einer privilegierten Position. Dann hat im mindesten Fall das Marketing in Ihrem Unternehmen gute Arbeit geleistet, das Unternehmen hat attraktive Produkte, ist im Gespräch oder gar im Zeitgeist. Jeder im Unternehmen, nicht nur die Verkäufer, sollte diese Situation wertschätzen. Diejenigen, die von vorneherein die Aufgabe haben, die Kunden zu akquirieren, wissen sehr genau, dass es eine Ochsentour sein kann, bis man den wirklichen Entscheidungsträgern dann tatsächlich gegenüber steht. Bisher haben wir uns weitgehend damit beschäftigt, wie Sie mit dem Kunden umgehen, wenn Sie ihn vor sich haben.

Es kommt aber auch vor, dass Sie selbst zunächst den Kontakt herstellen müssen. Über ein Anschreiben, eine Mail oder ein Telefonat. Diese drei Positionen sollten wir nun nochmal unter dem Aspekt des erfolgreichen Verkaufs aufgreifen.

10.1   Das Telefon

Das Telefon ist der persönlichste Weg, um Kontakt zum Kunden zu bekommen. Es ist aber auch ein Januskopf. Die Handy-Branche boomt – nicht erst seit iPhone. Fast jeder hat ein mobiles Teil in der Tasche, gerade die Jugend ist kaum noch ohne diesen Quader vorstellbar. Wenngleich die zurzeit eher twittert, skypt und facebookt als redet. Viele Minuten, manchmal sogar Stunden werden ganz selbstverständlich mit diesem Gerät verbracht. Es geht um Erreichbarkeit, Schnelligkeit, Kontakt, Flexibilität, Spieltrieb.

Die Freude daran vergeht meist, wenn es im Büro klingelt oder wenn ein geschäftlicher Anruf getätigt werden soll. Dann wird das Telefon als Störenfried wahrgenommen, das immer in der ungünstigsten Situation klingelt, einen aus der Konzentration herausholt und eher selten mit einer positiven Nachricht aufwartet. Dass es in der Quintessenz das Ohr und damit ein Tor zur Welt des Kunden darstellt, geht im Alltag schnell unter. Auch hier zeigt sich wieder die Janusköpfigkeit, denn gleichzeitig boomt die Branche der Call-Center, deren Job nahezu ausschließlich aus Telefonaten besteht. Das lässt ein professionelles Level dieser Center vermuten und es ist zweckmäßig, sich deren Arbeitsweise genauer anzuschauen, um die eigene Position zu bestimmen. Call-Center können für vielfältige Zwecke gebucht werden: Für Umfragen, Terminierungen, für direkten Verkauf von....

Sie arbeiten dabei sehr häufig mit der Ja-Straßen-Methode (siehe S. 85), stellen Fragen, die den Angerufenen abholen, zum „Ja" bringen und ihn dann weiter in die gewünschte Richtung lenken. Auffällig ist, dass die Anrufer zunächst relativ viel reden und sich auch zu keiner Zeit von einem Nein beeindrucken lassen. Wer die Vorgehensweise aufmerksam verfolgt, wird die Gesprächstechniken wiedererkennen, die wir weiter vorne intensiv betrachtet haben. Vor allem die Vorbereitungsphase ist bei den Call-Centern wichtig. Wenn Sie selbst das Gespräch in Ihrer Rolle als Verkäufer verfolgen, merken Sie recht schnell, dass es kaum einen Einwand gibt, kein Einwurf, kein Argument, der vom Call-Center nicht zurückgegeben bzw. so weit entkräftet wird, dass das Gespräch weiterlaufen kann. Das ist weniger auf die Schlagfertigkeit der Anrufer zurückzuführen als auf ihre Vorbereitung. Sie haben die vorstellbaren Antworten vorweggenommen und die Antworten notiert.

Sie schaffen es durch diese Vorbereitung, eine Antwort zu geben, die das Gegenüber

→ weiter in das Gespräch einbindet und

→ zu einer Bestätigung führt.

Es ist ziemlich schwierig, einen professionellen Call-Center-Mitarbeiter wieder vom Ohr zu bekommen, ohne dass sich das Gefühl einstellt, unhöflich zu sein. Die Feinabstimmung zwischen Sach- und Beziehungsebene (siehe vorne) funktioniert. Es wird geschickt zwischen Fragen und Behauptungen jongliert und am Ende wird dann häufig genug ein Zuschlag erteilt.

Sie können Call-Center für Ihre Zwecke anheuern, wobei immer zu prüfen ist, wie weit das mit dem Unternehmen und dessen Philosophie vereinbar ist und ob es zum Produktrange passt. Es mag sein, dass es den absoluten Profis gelingt, in einem sog. „kalten" Gespräch, bei dem es zuvor keine persönlichen Kontakte gibt/gab, auch schwierige Produkte/Dienstleistungen zu verkaufen. Das ist jetzt hier nicht unser Anspruch. Wir wollen schauen, dass wir die Chancen des Telefonierens sehen und die damit verbundenen Risiken im Kundenkontakt vermeiden.

Deshalb erhalten Sie auf den folgenden Seiten ein paar generelle Regeln, die bei jedem Telefonat zu beachten sind.

Formel statt Floskel – wie melden Sie sich?

Achten Sie mal drauf: Die Spannbreite, wie die Menschen sich am Telefon melden, ist immens. Da gibt es welche, die schleudern ihren Nachnamen hin, und andere, die einen Roman erzählen mit ihrem Namen, dem Namen der Firma, der Abteilung, dann wünschen sie einen guten Tag und fragen, was sie für uns tun können. Das Ganze geschieht dann meist noch in einer Sprechgeschwindigkeit, die garantiert, dass das Gegenüber nur die Hälfte versteht. Bitte fragen Sie sich selbst, wie das bei Ihnen wirkt, ob Sie den Eindruck haben, dass das eine Floskel ist oder ob es ernsthaft für Sie rüberkommt. Basteln Sie sich Ihre eigene Meldeformel – am besten in Abstimmung mit den Kollegen, damit die Firma nach außen hin homogen auftritt, oder wie man heute so schön sagt: Ihr Corporate Design präsentiert.

Hier ein paar Tipps, die Sie beachten können, aber nicht müssen, weil es kein allgemein gültiges Rezept gibt.

→ Beginnen Sie mit Ihrem Vor- und Nachnamen. Das ist nicht nur persönlicher, es gewährleistet auch, dass das Gegenüber wenigstens Ihren Nachnamen gut verstehen kann. Wenn Sie auf Ihrer Durchwahl angerufen werden, brauchen

Sie den Firmennamen nicht mehr zu sagen, dieses Wissen können Sie beim Anrufer dann voraussetzen. An zentralen Stellen gehört der Meldename dann
aber tatsächlich zur Meldeformel.

→ Verzichten Sie bei der Meldeformel auf Floskeln wie „Was kann ich für Sie
tun?". Und zwar aus mindestens zwei Gründen: Zum einen zwingen Sie den
Anrufer in eine präzise Aussage, die er vielleicht gar nicht machen kann, zum
anderen können Sie für ihn möglicherweise gar nichts tun, außer ihn weiter-
zuleiten. Es ist weitaus effektiver, den Kunde kompetent zu behandeln, als ihm
verbal Bereitschaft dafür zu signalisieren.

→ Verzichten Sie bei der Meldeformal auch auf „Guten Tag", bzw. „Grüß Gott".
Das mag Sie zunächst erstaunen, aber Sie als Verkäufer werden jetzt beobachten, wie das meist läuft mit diesem Guten Tag und Sie werden feststellen: Das
ist ein Ping-Pong. „Sabine Maier, Edel-Werke, guten Tag." „Ja, guten Tag, hier ist
Schulz" „„Guten Tag". Beobachten Sie das. Die Empfehlung wäre, den Anrufer
aussprechen zu lassen und ihn dann vor allem auch namentlich zu begrüßen.
„Sabine Maier, Edel-Werke"….„Guten Tag Herr Schulz". Probieren Sie es aus, Sie
haben damit das Gegenüber gleich auch persönlich begrüßt. Übrigens: falls Sie
den Namen nicht richtig verstanden haben, ist gleich hier eine gute Stelle,
nachzufragen. (siehe unten)

→ Bleiben Sie authentisch und probieren Sie, welche Kombination zwischen Ihnen und den Anforderungen der Firma am besten zu Ihnen passt.

Der kleine Telefon-Knigge

Wie im Verkaufsraum, trifft man auch am Telefon auf mürrische und schlecht gelaun-
te Menschen. Beiderseits übrigens. Auf Verkäuferseite ist das ein absolutes No-go. Der
Anrufer hat keine Ahnung, dass er zu einem für Sie ungünstigen Zeitpunkt anruft,
dass Sie sich gerade über was auch immer geärgert haben, dass Sie Schmerzen im
Rücken haben. Er ruft an, er hat ein Anliegen und er hat ein Recht auf unsere absolute
Aufmerksamkeit. Er ist der Kunde!

→ *Praxistipp*

*Bevor Sie den Hörer abnehmen, atmen Sie zweimal tief durch, legen Sie
alles beiseite und konzentrieren Sie sich auf Ihr Gegenüber.*

Dabei macht es Sinn, auf folgende Punkte zu achten:

→ Der Kunde steht im Vordergrund. Ihr Anrufer möchte eine Lösung für seine Frage, sein Problem und es ist erste Priorität, dass Sie die auch liefern. Das wird
nicht zwangsläufig immer so gelingen, dass Sie alles selbst erledigen können,
aber der Anrufer ist wie der Kunde, der den Ladenraum betritt. Er sollte erst
entlassen werden, wenn die Fragen geklärt und die Lösung gefunden ist. Das
heißt für Sie, nachfragen, dranbleiben, zurückrufen und den Prozess
abschließen.

→ Freundlichkeit ist ein absolutes Muss. Geben Sie dem Anrufer das Gefühl, dass er die richtige Nummer gewählt hat. Nennen Sie ihm beim Namen, hören Sie aktiv zu und äußern Sie während des Telefonats Zustimmung. Dann fühlt sich der Gesprächspartner ernst genommen. Schweigen am anderen Ende des Hörers verunsichert. Sie haben oben gesehen, dass es mit der entsprechenden mentalen Vorbereitung möglich ist, dass Sie sich auch an schlechten Tagen in „Verkaufslaune" bringen.

→ Die Stimme bringt die Stimmung rüber. Wer eintönig spricht, schläfert seinen Telefonpartner schnell ein. Deshalb sollten Vieltelefonierer im Job darauf achten, moduliert und lebhaft zu sprechen. In der Stimme schwingen auch viele körpersprachliche Signale mit. Der Trick ist, sich am Telefon immer so zu verhalten, als wäre der Gesprächspartner mit im Raum und könnte einen sehen.

→ Keine Faxen bitte. Es gibt immer wieder Spezialisten, die glauben, sie könnten Grimassen schneiden, weil der andere das ja nicht sehen kann. Nun, sehen nicht, aber die meisten Leute spüren sehr wohl, wenn sein Gegenüber genervt ist, wenn es die Augen verrollt und Signale an andere Mitarbeiter aussendet. Und selbstverständlich hören sie, wenn das Gegenüber raucht, Kaffee schlürft, Kaugummi kaut, nebenbei die Tastatur bedient oder in irgendwelchen Unterlagen blättert. Das ist unhöflich und signalisiert dem Gegenüber, dass wir gar nicht wirklich auf ihn und sein Anliegen konzentriert sind. Nutzen Sie diese atmosphärischen Übertragungen in Ihrem Sinne. Lächeln Sie, seien Sie positiv und konzentriert.

→ Keine Standleitungen. Ein wesentlicher Teil des Stresses besteht darin, dass der Anrufer etwas wissen will, und Sie die Antwort entweder nicht kennen oder im Moment nicht parat haben. Meist beginnt dann eine operative Hektik, der Hörer wird zur Seite gelegt, es wird in PC und Akten gesucht – der Anrufer bleibt in der Leitung hängen. Oder er wird irgendwo hin geleitet, in der Hoffnung, dass der Kollege was Brauchbares sagen kann. Das ist so in etwa das Gegenspektrum zu der krassen Aussage: Das weiß ich nicht, da kann Ihnen nicht helfen, aber es ist nicht wirklich kundenorientiert und im Grunde ist es gegenüber dem Kunden auch nicht höflich, dass wir ihn in unsere Unsicherheit einbinden. Entlasten Sie sich an dieser Stelle. Kein Mensch erwartet, dass jeder alles und immer sofort weiß. Das ist in den seltensten Fällen die Erwartung der Anrufer. Der Kunde will eine Lösung für sein Problem und wenn Sie das nicht sofort parat haben, ist es vollkommen ausreichend, wenn Sie ihm zusichern, dass Sie sich kümmern. Und das dann selbstredend auch tun. „Ich werde das jetzt alles für Sie prüfen und mich schnellstmöglich zurückmelden"

→ Keine leeren Versprechungen bitte. Wenn Sie einen Rückruf ankündigen, achten Sie bitte auf die Wortwahl. Konkrete Zeitangaben und inhaltliche Zusagen sind nur dann in Ordnung, wenn Sie das auch ganz sicher einhalten können. Wer verspricht, dass er in zwei Stunden mit der Lösung des Problems zurückruft, kann ganz schön in Stress geraten, wenn das – aus welchen Gründen auch immer – nicht eingehalten werden kann. Die Empfehlung ist, dem Kunden das Gefühl zu geben, dass sein Anliegen bei Ihnen in den richtigen Händen ist, weil Sie sich kümmern werden. Dabei nutzen Sie Begriffe wie: Schnellstmöglich, sobald ich Herrn Soundso erreicht habe, sobald ich in Ihrer Sache weitergekommen bin, melde ich mich umgehend. Sie können sich darauf verlassen, dass wir der Sache nachgehen, Sie hören von uns. Merken Sie den Unterschied? Das sind Dinge, die Sie entlasten, weil kein künstlicher Zeitdruck aufgebaut wird und die trotzdem positive Signale an den Kunden schicken.

→ Verlieren Sie nicht die Contenance. Gerade im Verkäuferleben kommen Sie häufig mit verärgerten Menschen in Kontakt. Die Kunden sind verärgert, weil die Lieferung noch auf sich warten lässt, weil der Artikel nicht ihren Vorstellungen entspricht, weil die Farbe eine andere war. Und manch einer verlässt dann die Grenzen des guten Geschmacks. Verärgerte Menschen halten sich nicht auf der Sach-, sondern auf der Beziehungsebene auf. Achten Sie darauf, dass Sie nicht auch auf diese Ebene kommen, was nicht heißt, dass Sie keine Emotionen zeigen können. Motto: „Ich kann verstehen, dass Sie sich ärgern, ich habe da aber einen Lösungsvorschlag ...“

→ Bestimmen Sie Ihre Grenzen. Bei allem Verständnis für Emotionen gibt es selbstredend auch Grenzen, die der Kunde nicht überschreiten sollte bzw. nicht überschreiten darf. Sie müssen sich nicht jeden Schlag unterhalb der Gürtellinie gefallen lassen. Trotzdem sollte das Gespräch nicht im Streit enden. In einem Extremfall sagt man dem Kunden ganz ruhig, dass das Gespräch im Moment keinen Zweck hat, wir aber gerne wieder mit ihm telefonieren, wenn er sich beruhigt hat. So signalisieren wir dem Kunden, dass wir nach wie vor an einem Gespräch mit ihm interessiert sind.

Technische Tipps einer professionellen Gesprächsführung

1. Sie bereiten sich auf das Telefonat vor. Notieren Sie sich vor dem Anruf alle Fragen, die Sie stellen möchten. Bitte denken Sie daran: Weniger ist dabei mehr. Idealerweise bauen Sie sich einen Gesprächsleitfaden.(siehe: Aufbau eines Gesprächsleitfaden)

2. Führen Sie das Gespräch an einem ruhigen Ort. Geben Sie den Arbeitskollegen Bescheid, dass Sie nicht gestört werden möchten. So vermeiden Sie Unterbrechungen und Unruhe während des Gesprächs, die Sie evtl. sogar aus dem Telefongespräch rausreißen.

3. Legen Sie sich Papier und Bleistift bereit. Hektisches Suchen nach Schreibmaterial wirkt unprofessionell und fördert die Nervosität.

4. Versichern Sie sich, dass Sie den richtigen Gesprächspartner bekommen. Das geht am besten im Vorfeld, weil Sie sonst in der Gefahr sind, „Buchbinder Wanninger“ zu spielen, also von einem zum anderen verbunden zu werden.

5. Machen Sie sich während des Telefonats Notizen. Diese können Sie nach dem Telefonat in aller Ruhe nochmals durchsehen, überdenken und zuordnen.

6. Wenn Sie merken, dass Sie nervös sind, versetzen Sie den Gesprächspartner geistig in eine lustige Situation. Stellen Sie sich vor, er steht im Schlafanzug oder in Badeklamotten vor Ihnen. Dadurch stärken Sie Ihre Position und behalten den Kurs bei, ohne sich einschüchtern zu lassen.

7. Stellen Sie sich darauf ein, dass Ihr Gegenüber nicht unbedingt nett und lässig auf Sie reagiert. Manche Gesprächspartner reagieren pampig, ja sogar unverschämt. Wenn Sie das von vornherein ins Kalkül ziehen, fällt es leichter, höflich und ruhig zu bleiben. Und das sollten Sie auf jeden Fall tun.

8. Ihre Stimme ist der wesentliche Katalysator, mit dem Sie Kontakt zu Ihrem Gesprächspartner halten. Stimme entwickelt sich im Stehen meist besser als im Sitzen. Die Atmung ist dann nicht beeinträchtigt. Probieren Sie aus, ob es für Sie besser ist, beim Telefonieren aufzustehen. Manche Kollegen laufen gerne durch den Raum.

10.2 Die Dienstleistungsmaschine

Das Telefon hat einen Ein- und einen Ausgang. Es ist auf der einen Seite das Ohr zum Markt, das haben wir jetzt eingehender betrachtet. Auf der anderen Seite ist es der Kanal, auf dem Sie Ihre Nachrichten kundtun können. Wir telefonieren passiv – wir werden angerufen und/oder wir telefonieren aktiv – wir wollen ein bestimmtes Ziel mit unserem Anruf erreichen. In jedem Fall beachten wir die oben angeführten Regeln, damit ist klar, dass die Grundsätze erfolgreichen Verkaufs, auch wenn er nur passiv ist, eingehalten werden. Aber damit ist nur bedingt ausgedrückt, wie wir selbst, wie Sie, wie Ihr Unternehmen das Telefon nutzt oder nutzen möchte. Wir haben oben gesehen, dass es Profis gibt, die Kalt-Akquise schaffen. Das wechselt natürlich häufig auch in Abhängigkeit von den Produkten, die angeboten werden. Je einfacher das Produkt, desto naheliegender die Idee, dass es sich via Telefon am Markt platzieren lässt.

Die These hier ist: Das Telefon eignet sich nicht als Verkaufsmedium bei erklärungsbedürftigen Produkten. Das ergibt sich stringenterweise daraus, dass wir den Menschen am anderen Ende des Telefons nicht umfassend wahrnehmen und deshalb im Grunde nur pauschal argumentieren können. Eine ganze Vielzahl unserer Erfolgs-Assets, die wir weiter oben erörtert haben, lassen sich auf dieser Ebene der technisch übermittelten Kommunikation nicht aktivieren und das macht einen Abschluss im mindesten Fall schwierig.

Heißt also: Telefon ja, aber im Sinne eines fairen Verkaufsprozesses sollten Sie für sich selbst, aber auch für den Gesprächspartner überlegen, was genau Sie mit dem Telefonat erreichen können oder sollen. Ob das möglich ist. Und ob Sie das überhaupt wollen.

Das ist auf den ersten Blick eine fast philosophisch anmutende Frage. Was will ich mit diesem Instrument? Wie tiefgründig, diese Frage. Aber lassen Sie uns gemeinsam in diese tiefen (Ab-)gründe schauen. Denn hier werden wir wieder mit den Begriffen Authentizität und Nachhaltigkeit konfrontiert. Mit den Tricks der Zocker, die das Verkäuferimage beschädigen, mit den kurzfristigen Abschlüssen, die in zahllosen Storno-Konten wieder auftauchen.

Nutzen Sie die nachfolgenden Thesen gerne als Diskussionsgrundlagen, um sich mit Ihren Kollegen, der Geschäftsleitung, mit sich selber auseinanderzusetzen. Hier geht es darum, welche Wertschätzung das Telefon in den jeweiligen Positionen einnehmen kann. Kritische Variable ist die Effizienz. Je höher der Wert, desto verkaufsträchtiger im Sinne von Nachhaltigkeit ist die ganze Sache.

Die Menschen am anderen Ende des Hörers sind nicht immer schlagfertig oder erfahren genug, um den Kommunikations- und Verkaufstechniken der Profis zu entkommen. Wobei der Begriff Profi dabei auch nur bedingt gerechtfertigt ist, denn diese Menschen überreden, sie überzeugen nicht. Wenn Sie auf eine nachhaltige Kundenbeziehung aus sind, können Sie mit den Gurus nicht konkurrieren – weder bei den Abschlüssen, noch bei Stornos!

Gerade in der letzten Wirtschafts- und Finanzkrise hat sich sehr deutlich gezeigt, dass die Menschen zu einer neuen Werteebene gekommen sind. Sie verteilen ihre Wertschätzung an Menschen, die nicht nur den materiellen Gewinn im Blick haben, sondern gesellschaftliche Schwierigkeiten erkennen und Lösungen suchen. Der Dinosaurier, der „sein Haus, sein Auto, seine Yacht" auf den Tisch legt, ist nicht mehr länger der coole Hecht. Von einigen Ewiggestrigen abgesehen, wollen die Menschen heute Vorbilder, die nicht nur nach den Insignien der Macht schauen, sondern Inhalte bieten.
Lösungen – so zum Beispiel wie Ihr Unternehmen, das mit seinen Produkten einen wesentlichen Beitrag zum Wohlbefinden der Menschen beitragen will.

Das Telefon spielt dabei eine nicht zu unterschätzende Rolle, denn es kann für das schnelle Geschäft oder für langfristige Kundenbeziehungen eingesetzt werden.

Aber wie auch immer Sie bzw. Ihr Unternehmen das jongliert – es geht darum, dass es eine klare Ansage gibt, welche Werte Sie vertreten wollen. Und wenn darüber Klarheit herrscht, kann auch festgelegt werden, welche Rolle das Telefon dabei spielt.

Hier eine Anregung, wie Sie das einordnen können. Die Effizienz gibt dabei nur eine Hilfestellung, keine absolute Aussage an.

	Persönlicher Kontakt	Technisch vermittelte Kommunikation	Effizienz 0-3
Verkauf komplexer Produkte und Dienstleistungen	Ja	Nein	nur 1
Terminierung	Ja	Ja	eher 2
Feintuning bei länger andauernden Verkaufsverläufen	Ja	Ja	eher 2
Abstimmung bei Organisationsfragen	Ja	Ja	2

Ergänzen Sie die Liste für sich selbst weiter:

Wer ist Ihr Zielpartner?

Wenn Sie angerufen werden, können Sie sich Ihr Gegenüber nicht aussuchen. Da geschehen dann oft gerade an zentraler Stelle des Telefoneingangs unangenehme Dinge, weil zum Beispiel ein sog. VIP, eine Very Important Person, eine sehr wichtige Person anruft. Oder auch eine, die sich dafür hält. Und sie wird nicht sofort erkannt! Das geschieht zwar selten, weil sich meist das Sekretariat meldet, um den direkten Gesprächspartner zu finden. Aber selbst das Sekretariat kann sich dann mal erstaunt zeigen, dass die Namen nicht direkt erkannt werden.

DAGEGEN GIBT ES NUR ZWEI GEGENMITTEL: ERFAHRUNG UND/ODER VORBEREITUNG.

Erfahrung meint, dass Sie die für das Unternehmen relevanten Personen genau kennen und sofort wissen, wer dafür zuständig ist. Das ist nicht immer gegeben. Deshalb empfehlen wir einen genauen Blick auf das Organigramm des Unternehmens. Zum einen. Zum anderen ist dann aber auch wichtig, an wen Sie weiterleiten können, wenn die Frage nicht mehr in Ihren Kompetenzbereich fällt. Machen Sie sich die Mühe, die Personen, Positionen und Zuständigkeiten in Ihrem Unternehmen zusammenzuführen und schreiben Sie das in Ihr persönliches Organigramm.

Zunächst hier ein Vorschlag, wie Sie ein solches Portfolio gestalten können. Die Kürzel auf der rechten Seite bezeichnen jeweils die dafür zuständigen Personen.

→ Interessenten: Neukunden   HG, BO

→ Empfehlungsgeber: Organisationen   CH, BP

→ Kooperationspartner/ VIPs, Key-Accounts (Schlüsselkunden)	CP
→ Zulieferer: Schreibbüro	ZZ
→ Beratungsbeteiligte: Steuerberater, Anwalt, Fragen zu Rechnungen usw.	AF, CB, CL
→ Beratungskunden: inhaltlich, administrativ	ÄBs, HS, UU, CB
→ Interne Mitarbeiter: ...	alle

→ *Praxis*tipp

Das mag jetzt auf Ihre Situation nicht wirklich zutreffen, aber bitte machen Sie sich die Mühe, die Zuständigkeiten zu recherchieren. Sie werden im Ergebnis auch erleben, dass Sie viel sicherer ans Telefon gehen, weil Sie wissen: Wenn ich keine Antwort weiß, weiß ich wenigstens, wer antworten könnte.

Das gilt auch im umgekehrten Fall: Wenn Sie nicht wissen, wer für Ihre Fragen zuständig ist, müssen Sie sich erst mal durch die Organisation durcharbeiten und recherchieren, wer Ihr eigentlicher Ansprechpartner ist. Das kann dauern. Vergessen Sie dabei nicht, dass Ihre Gesprächspartner dieses Buch nicht gelesen haben und nicht wissen, dass es angesagt ist, dem Kunden den Vortritt zu lassen. Das verschafft Ihnen taktische Vorteile.

Die Ansprechpartner/Zielgruppe

Die Ansprechpartner können auf unterschiedlichen Ebenen liegen und manchmal müssen Sie an dem ein oder anderen Hindernis vorbei, einen so genannten Gatekeeper (Türsteher) überwinden. Das kann bei manchen Firmen schon mal die Zentrale sein.

Die Zentrale zu überspringen, war in der Vergangenheit relativ einfach. Mit einer einigermaßen klaren Vorstellung davon, wo Sie hin möchten, war die Weiterleitung nicht wirklich ein Problem.

Das ist heute in vielen Fällen anders. Sie werden bereits an dieser ersten Stufe abgefangen. „Ich werde gerne versuchen, Sie zu verbinden, wenn ich weiß, worum es geht." Da gibt es kein Pardon. Am Telefon kommen Sie nur weiter, wenn die Nachricht, die die Dame am Empfang ins Sekretariat weiterleitet, dort auch zündet.

Gehen Sie dabei nicht davon aus, dass mehr Mehr ist. Die Weiterleitung Ihres Anliegens wird in maximal zwei, drei Sätzen geschehen – ganz egal wie lange Ihr Vortrag war. Und Ihr Gesprächspartner wird sich aus Ihrer langen Liste das rausgreifen, was er erinnert. Das ist nur mit einer ganz bestimmten Wahrscheinlichkeit das, was Sie eigentlich sagen wollten.

→ *Praxis*tipp

Also: Überlegen Sie sich vorher ganz genau, was Sie vermitteln wollen und komprimieren Sie das auf ganz wenige Aussagen. Zwei, maximal drei Sätze. Das schaffen Sie mit einer umfassenden Vorbereitung.

Je wichtiger die Position, mit der Sie verhandeln müssen, umso häufiger werden Sie frühzeitig in Ihrem Bemühen, an den richtigen Partner zu kommen, geblockt. Das ist einerseits verständlich, denn die interessanten Positionen werden stark nachgefragt und es ist vermutlich gar nicht möglich, alle Anfragen wirklich ernsthaft zu beantworten. Andererseits macht es Ihnen das Arbeitsleben nicht einfacher. Umso wichtiger ist es, dass Sie von vornherein klarlegen:

- → Was ist das Ziel meines Anrufes?
- → Wer entscheidet über mein Anliegen?
- → Kann ich das auch über Zwischenstellen erreichen (z.B. Sekretariat?)
- → Wie komme ich an den richtigen Ansprechpartner?

Es muss nicht immer der Chef sein. Wenn Sie einen Termin wollen, genügt es völlig, mit dem Sekretariat zu sprechen und ein Zeitfenster auszumachen. Wenn Sie unbedingt mit dem Chef sprechen müssen, brauchen Sie eine Methode, um am Sekretariat vorbeizukommen. Wenn Sie mit dem Einkauf sprechen wollen und immer wieder umgeleitet werden, brauchen Sie einen Gesprächsleitfaden, in dem Sie alle möglichen – und unmöglichen – Aussagen Ihres Gesprächspartners auflisten und ein Gegenargument dafür finden.

Vorab: Solche Gesprächsleitfäden sind keine Patentrezepte. Sie wachsen mit der Zeit, werden professioneller und die Qualität profitiert von Ihren Erfahrungen, die Sie machen. Das setzt voraus, dass Sie den Leitfaden pflegen und die wesentlichen neuen Erkenntnisse, die Sie im Telefonalltag machen, konsequent einarbeiten.

Hier das Beispiel eines solchen Gesprächsleitfadens:

Die Situation: Sie betreuen ein Netzwerk von Unternehmern aus kleinen und mittelständischen Betrieben, das seinen Kunden ein breites Spektrum an Leistungen anbietet. Dazu gehört, dass Ihr Unternehmen eine Telefon-Hotline bei aktuellen Fragen zur Unternehmensführung anbietet. Es bietet konkrete und sehr kostengünstige Unterstützung an im Marketing, z.B. Erstellung von Werbefoldern, Ausbau und Pflege des Internetauftritts, Inhouse-Seminare zur Verkaufsschulung. Pro Jahr kann der Netzwerkteilnehmer ein kostenfreies Unternehmergespräch mit einem Experten Ihres Unternehmens führen und vieles mehr.
Sie unterscheiden dabei konsequent A-B- und C-Kunden. Die A-Kunden machen einen Umsatz von 50.000 € und mehr per anno. Sie nutzen

---

weitgehend die Angebote Ihres Unternehmens. Die B-Kunden liegen zwischen 20.000 € und 50.000 €. Sie nutzen die Angebote meist nicht in vollem Umfang. C-Kunden sind alle, die weniger als 20.000 € Umsatz machen. Und es erstaunt wenig, dass sie die Angebote Ihres Unternehmens eher selten nutzen.

Ihre Aufgabe/Ihr Ziel ist es nun, möglichst viele C-Kunden in die B-Kategorie zu bringen. Dazu haben Sie den Unternehmern schriftlich angeboten, dass Ihr Netzwerk kostenfrei eine Mail-Vorlage für einen Newsletter entwickelt. Selbstverständlich ist die Absicht dahinter auch, dann im Nachgang die Texte gegen Gebühr bereitzustellen, aber zunächst ist das die Aktion, die Sie angehen und mit der Sie versuchen, die Aufmerksamkeit auch wieder auf Ihr Unternehmen zu lenken.

Stopp! Wie gehen Sie jetzt vor? Bitte spielen Sie das Szenario jetzt erst mal gedanklich durch. Denken Sie dabei an all die Aspekte, die wir in den vorherigen Artikeln besprochen haben. Schreiben Sie bitte erst auf, was Ihnen wichtig erscheint, bevor Sie weiterlesen.

Hier nun ein paar Ergänzungen zu Ihren eigenen Ausführungen.

Die Sieben-Schritte-Technik ist auch beim Telefonieren eine gute Orientierungslinie. Die einzelnen Phasen sind anders ausgeprägt als im persönlichen Gespräch, aber sie sind trotzdem da. Der Aufbau des Gesprächsleitfadens ist in der mentalen Vorbereitung angesiedelt, er nimmt dann aber auch die anderen Phasen mehr oder weniger treffgenau vorweg.

→ **Aufgabe**

Klären Sie bitte noch einmal ganz genau Ihr Ziel. Was wollen Sie erreichen? Schreiben Sie das auf. Dann prüfen Sie:

? *Was haben wir alles anzubieten?*

? *Welche Fragen können kommen?*

? *Welche Einwände sind denkbar?*

? *Wie kann ich das Gegenüber im Gespräch halten, wenn es auf meine Fragen mit Nein antwortet?*

? *Was biete ich an, wenn ein Ja kommt?*

Welche Frageform werden Sie beim Telefon bzw. bei Ihrem Gesprächsleitfaden einsetzen? Offene oder geschlossene Fragen? Bitte denken Sie kurz darüber nach. Beim Telefon bietet sich die geschlossene Frage an. Vorausgesetzt, Sie haben sich auf beide Antwortvarianten vorbereitet. Und Sie haben das Anschreiben vor sich liegen.

Aufbau eines Gesprächsleitfadens

Herr Unternehmer, ich freue mich, dass ich Sie direkt am Telefon habe. Mein Name ist Thomas Kraft vom SCU-Netzwerk. Wir hatten Sie letzte Woche angeschrieben und Ihnen ein Angebot für ein Newsletter-Design gemacht. Haben Sie schon Zeit gehabt, das Schreiben zu lesen?

(Antwort) Nein! Kein Problem, ich sag Ihnen, worum es geht. Wir bieten derzeit allen unseren Netzwerkmitgliedern an, dass wir ein kostenfreies Design für Ihre Newsletter erstellen. Was halten Sie davon?

(Antwort) Klingt gut. Ja, das sehen wir auch so, und wir freuen uns, dass wir über diese Schiene wieder in Kontakt gekommen sind. Wollen wir mal einen Termin bei Ihnen vor Ort machen oder sollen wir das Projekt telefonisch angehen (Alternativfrage!!)

(Antwort) Telefonisch. Ja, schön, können Sie mir ein Zeitfenster geben, innerhalb dessen sich unser Experte bei Ihnen melden kann?

Usw.

(Antwort) Ja! Schön. Was halten Sie davon?

(Antwort) Klingt gut …. (siehe oben)

(Antwort) Nichts! Oh, das verwundert mich jetzt aber. Wieso ist das nicht für Sie von Interesse? (Hier gehört natürlich die offene Frage her, weil wir jetzt Informationen brauchen)

(Antwort) Das ist nichts für uns! Wieso? Machen Sie kein Marketing / Haben Sie keinen Internetzugang? / Meiden Sie öffentlichkeitswirksame Darstellungen … usw.

(Antwort) Nein, das können wir nicht, schreiben ist nicht so unser Ding. Ja, das verstehen wir, aber dafür sind Sie ja Mitglied in unserem Netzwerk. Wir können Ihnen da helfen. Die Frage ist nur, ob Sie das grundsätzlich wollen … Jetzt geht es wieder weiter mit Ja oer Nein, also bitte auch hier nachfragen.

Bitte spielen Sie selbst gedanklich weiter, was nun noch kommen könnte. Bereiten Sie sich auf möglichst viele Frage-Antwort-Spiele vor, denn damit bleiben Sie im Rennen und können Ihr Ziel erreichen.

Gesetzt den Fall, Sie kommen gar nicht weiter, weil das Thema Newsletter auf keinen fruchtbaren Boden fällt. Wie gehen Sie weiter vor? Bleiben Sie beim Thema oder wechseln Sie und wenn ja, wohin? Bitte denken Sie darüber nach und lassen Sie dabei vor allem auch die Vorbereitungsphase Revue passieren. Schreiben Sie Ihre Ideen spontan auf:

_____

_____

_____

Wenn das Gespräch ins Stocken geraten ist, wenn Sie den Eindruck haben, Sie kommen nicht wirklich weiter in dieser Sache, bleibt die Empfehlung, einen anderen Zug zu besetzen. Hier ein paar Beispiele, was nun anstehen könnte.

→ Ich habe gesehen, dass Sie unsere Telefon-Hotline gar nicht nutzen. Liegt das an uns?
→ Ihr Internet-Auftritt hat – erlauben Sie mir die offene Aussprache einem Netzwerkteilnehmer gegenüber – noch die Ostergrüße auf der ersten Seite stehen. In drei Wochen ist Weihnachten. Sie als unser Mitglied haben einen Anspruch darauf, dass wir Sie in solchen Dingen unterstützen. Wollen wir mal einen Termin machen?
→ Sie machen keinen Gebrauch von unserem Angebot, ...
→ Sie nutzen keinen elektronischen Newsletter? Welche Medien setzen Sie ein, um Kunden zu binden und Kunden zu finden?
→ Haben Sie denn dieses Jahr schon das Ihnen zustehende kostenfreie Unternehmergespräch in Anspruch genommen?

Überlegen Sie sich bitte noch weitere Ansatzpunkte, wie Sie den Kunden für sich gewinnen könnten. Vor allem aber überlegen Sie, wie Sie das in Ihrem speziellen Fall und auf Ihr Unternehmen gemünzt in den Griff bekommen. Und denken Sie daran, jedes Telefonat, das Sie führen, bringt Sie zu einem erweiterten Gesprächsleitfaden, der Ihnen beim nächsten Mal noch mehr Sicherheit gibt. Denn die Wahrscheinlichkeit, dass ganz neue, von Ihnen unbeachtete Argumente kommen, sinkt mit jedem zusätzlichen Argument, das Sie einbringen und dann eben auch entsprechend entkräften können.

ALSO PFLEGEN SIE DAS UND BAUEN SIE SICH AUCH EIN „HARMONIE-ZONEN-RASTER" AUF.

Diese Liste kann etwa so ausschauen:

Was mir leichtgefallen ist:
→ Nett zu sein und höflich zu bleiben
→ Den Grund meines Anrufs zu schildern

→ _____

Was mir schwergefallen ist:
→ Den Bewerbern die Hintergründe meines Anrufs zu erläutern
   Die Fremdwörter und Fachwörter zu verstehen
   (Was auch dazu führte, dass sie mich meistens total rausgebracht
   haben)

→ _____

Was ich gut fand:
→ Wenn die Angerufenen sofort wussten, wer ich bin
→ Wenn die Angerufenen zu unserem Unternehmen positiv einge-
   stellt waren

→ _____

Was ich unangenehm/unverschämt fand:
→ Als der Gesprächspartner unser Unternehmen unseriös wertete

→ _____

Das nächste Mal werde ich besser machen:
→ Eine Liste nur für mich anfertigen
→ Den Ablauf der Nachrufaktion durchgehen (Vorgehensweise) und
→ dann entsprechend eine Liste anfertigen in Excel – Übersicht ist A
   und O
→ Zwischen dem Schreiben und Nachtelefonieren nicht länger als
   zwei Wochen abwarten

→ _____

Was mir peinlich war:
→ Als ich auf einen Anrufbeantworter sprach, aber mich verhaspelte
   und ein zweites Mal anrufen musste

→ _____

10.3 Reklamationen am Telefon – eine Chance für die Kundengewinnung

Unternehmen sind häufig damit beschäftigt, neue Kunden zu finden. Das ist begrü-ßenswert, aber im Grunde nur, solange die bestehenden Kunden, die A-B- und C-Kun-den, nicht übersehen werden. Das sind nämlich alle die, die schon auf uns aufmerk-sam wurden, die bereits Produkte gekauft haben und im Adressverteiler sind. Es lohnt sich sehr, in diese Kunden viel zu investieren. Das mag Abstufungen finden, je nach-dem, ob Sie C-Kunden zu B-Kunden machen wollen, ob das Budget nur Investitionen in die A-Kunden vorsieht. Alle Spielarten sind denkbar. Aber es bleibt, dass Kunden, die bereits in der Adressdatei sind, viel effizienter zu gewinnen sind, als neue Kunden.

Nun sind zufriedene Kunde natürlich die besten. Aber – so die These – sofort danach kommen die Kunden, die reklamieren, die sich beschweren, aufregen, ihren Ärger zei-gen. Und das tun sie meist am Telefon. Nicht immer läuft das in vorbildlicher Weise ab. Anders gesagt: Manchmal wird die Gürtellinie unterschritten und Sie haben ein wü-tendes Gegenüber am Ohr. Bevor wir jetzt in die Details einsteigen, wie der Umgang mit diesen Kunden funktioniert (siehe auch vorne), sei hier noch mal an eine Weisheit erinnert, die im Grunde nicht mehr der Erwähnung bedarf. Ein Kunde, der reklamiert, ist einer, der im System bleiben möchte. Nur der, der sich nicht mehr meldet, ist drau-ßen. Anders formuliert:

JEDE REKLAMATION IST EINE CHANCE, EINEN KUNDEN (WIEDER) ZU GEWINNEN.

In der Bearbeitung einer Reklamation erweist sich Ihre Professionalität. Und es gilt das Motto: Jede Reklamation ist die Sternstunde des Verkaufs, denn wenn es Ihnen gelingt, den Kunden zurückzugewinnen, haben Sie in aller Regel einen Mitstreiter für Ihre Sache, Sie haben ihn für sich und Ihr Unternehmen gewonnen. Das heißt nicht, dass die Bearbeitung einer Reklamation einfach ist.

Verärgerte Kunden lassen ihrer Wut manchmal freien Lauf. Da ist es gar nicht so ein-fach, gelassen zu blieben. Ein Brief kurz nach einem Telefonat, bei dem beide Parteien sich nicht einigen konnten, wird meistens der so genannte Ventilbrief sein, der den angesammelten Ärger beinhaltet und entsprechend unfreundlich ist. Dann ist es bes-ser, einige Zeit vorübergehen zu lassen, um die Spannung abzubauen und später wieder weiterzuschreiben. Eine Portion Einfühlungsvermögen gehört dazu, denn dem leicht abgewandelten Sprichwort: „ Wie man in ein Unternehmen hineinruft, so schallt es heraus", sollten wir auf keinem Fall gerecht werden.

Wer selbst schon einmal telefonisch reklamiert hat, weiß, wie nervenaufreibend es sein kann, wenn man zum zehnten Male „Mozarts kleine Nachtmusik" im Ohr hat, bis endlich der richtige Ansprechpartner in der Leitung ist. Denn wenn zum aufgestau-ten Ärger auch noch eine unprofessionelle Handhabung der Reklamation kommt, ist die Wahrscheinlichkeit groß, dass der Kunde verloren ist. Kunden, die reklamieren und zufrieden gestellt werden, kommen, um ein weiteres Produkt zu kaufen, diejenigen, deren Beschwerden nicht ernst genommen wurden, gehen zur Konkurrenz.

➔ *Praxis*tipp

Also bereiten Sie sich ganz konsequent auf Reklamationen vor. Wie das geht? Durch Systematik und auf Basis der Einsicht, dass Reklamationen immer vorkommen, weil wir alle nicht perfekt sind.

Ganz egal, wo das Missgeschick im Unternehmen aufgetreten ist: Der Kunde tritt mit seiner Unzufriedenheit an Sie heran und es ist Ihr Job, die Angelegenheit so zu regeln, dass der Kunde danach positiv gestimmt ist. Das setzt voraus, dass er die entscheidenden Informationen bekommt. Und es setzt voraus, dass Null-Informationen vermieden werden. Eine Null-Information hat für den Kunden keinen Wert. Sie lautet zum Beispiel:

- ➔ „Dafür kann ich nichts, das hat mein Kollege gemacht."
- ➔ „Das kann gar nicht sein."
- ➔ „Da haben Sie bestimmt einen Fehler gemacht."
- ➔ „Solche Dinge verkaufen wir gar nicht in unserem Unternehmen."
- ➔ „Das ist bei uns noch nie vorgekommen."

Sie merken, worauf das hinausläuft? Es geht darum, den Kunden in seinem Anliegen ernst zu nehmen und ihn nicht auch noch zu maßregeln. Wichtig ist zunächst, dass wir Verständnis zeigen, dass er verärgert ist. Vermeiden Sie solche Aussagen und machen Sie sich das auch öfter mal bewusst, dann reduzieren Sie die Wahrscheinlichkeit, im Fall des Falles die Verantwortung von sich oder vom Unternehmen zu schieben.

Die Analyse der Gründe und die Lösungswege kommen erst in den Schritten danach. Wir lassen ihn ausreden und erklären: „Ich kann verstehen, dass Sie das ärgert." Bleiben Sie zunächst mit ihm auf der Beziehungsebene, bevor Sie dann Schritt für Schritt versuchen, auf die Sachebene zu wechseln. Möglicherweise gelingt das gar nicht sofort im ersten Anlauf, Sie müssen sich der Sache erst annehmen und einen Rückruf in Aussicht stellen. Der, wir hatten das oben schon erwähnt, auch schnellstmöglich erfolgen sollte.

Die Systematik lässt sich weiter auffächern: Fragen Sie sich, „Warum wird bei uns reklamiert?" Mögliche Gründe können sein:

- ➔ Produkt nicht rechtzeitig geliefert
- ➔ Farbe stimmt nicht mit den Erwartungen überein
- ➔ Der Service kam nicht wie angekündigt
- ➔ Rechnerisch oder inhaltlich falsch gestellte Rechnungen
- ➔ Kunden, die gemahnt wurden, weil die Ansprechpartner telefonisch nicht erreichbar sind

→ Der Wettbewerber hat die Nase mit einer besseren Version vorne

→ ...

Wenn Sie die Gründe weitgehend vorwegnehmen, können Sie sehr schnell und unkompliziert auf die Reklamation reagieren.

Wie bearbeiten wir Reklamationen?

Schnelligkeit ist eine wichtige Größe in der professionellen Reklamationsbehandlung. Nach dem Gespräch kümmern wir uns sofort darum bzw. leiten das Problem an die zuständige Person weiter. Wenn wir genügend Informationen eingeholt und eine Lösung gefunden haben, können wir bzw. der Verantwortliche zurückrufen.

Sachlich berechtigte Reklamation:

→ Um Entschuldigung bitten und den Fall richtigstellen

→ Möglichst schnell behandeln, schnelle Hilfe zählt doppelt

→ Kunden zufrieden stellen, sagen, dass er Anspruch auf diese Leistung hat

→ Evtl. ein „Zuckerl" für den Kunden in Form eines Geschenkes

Sachlich unberechtigte Reklamation:

→ Gründe nennen und Missverständnisse relativieren: „Wir sind unseren Unterlagen nachgegangen und haben festgestellt, dass Ihre Reklamation nicht berechtigt ist ..."

→ Triumphieren Sie nicht, sondern zeigen Sie Verständnis. Der Kunde muss sein Gesicht wahren können. Sagen Sie ihm: „Ich bin froh, dass wir jetzt wissen, was zu diesem Missgeschick geführt hat" und: „Dank Ihrer Unterstützung konnten wir diesen Fehler nun abstellen."

→ Ihm falls notwendig erklären: „Wir würden dies gerne für Sie tun, aber es gibt Vorschriften und Gesetze, an die auch wir uns halten müssen."

Welche Tipps gibt es bei besonders schwierigen Fällen?
Bitten Sie um sachliche Angaben, damit zwingt man den emotional geladenen Anrufer sachlicher zu werden. Zum Beispiel genau fragen, um welche Sache es geht: Mitgliedsnummer, Rechnungsnummer erfragen usw.

Verwirren Sie den Anrufer, indem Sie ihm für die Reklamation danken oder ihm zu-stimmen, indem Sie sagen: „Da gebe ich Ihnen vollkommen Recht!", sofern das auch stimmt, denn wir lügen nicht.

Übertreibungen braucht man nicht tragisch zu nehmen, der Kunde versucht seinen Fall zu dramatisieren. Fragetechnik und Sachlichkeit hilft dabei. Fühlt man sich von Äußerungen persönlich angegriffen, sollten wir dies unserem Gesprächspartner mitteilen. Oft ist dieser sich gar nicht bewusst, wie sein Gesagtes aufgenommen wird.

Abstrahieren Sie von Ihrer Person. Der Anrufer ist wütend – aber das hat mit Ihnen nichts zu tun. Sie sind eben im Moment nur die Oberfläche.

Will unser Gesprächspartner sofort eine Entscheidung, sagen wir ihm, dass wir ihn gerne an eine kompetente Stelle weiterleiten möchten und uns persönlich darum kümmern werden, dass er schnellstmöglich zurückgerufen wird.

Fazit

Das Telefon ist ein vielseitig einsetzbares Instrument, dessen Grenzen intern durch geschäftspolitische Positionen bestimmt werden, extern wird aber auch vom Gesetzgeber ein Schutz vor Missbrauch für den Verbraucher eingebaut. Das trägt dazu bei, die Kommunikation zwischen Anbieter und Verbraucher, oder auch zwischen Business to Business auf eine werthaltige, verlässliche Ebene zu bringen. Die Tricks der Abzocker sind zwar hinlänglich bekannt, aber das heißt nicht, dass die Menschen nicht darauf reinfallen. Es ist gut, dass der Gesetzgeber einen Schutz eingebaut hat und es ist noch besser, wenn Sie selbst und Ihr Unternehmen die Grenzen dann auch klar definieren.

Die Möglichkeit des Missbrauchs dieses Mediums ist allerdings kein Grund, es anzuhassen, weil es meistens im ungünstigsten Moment klingelt. Vielmehr ist es auch in Zeiten des Web2 eine gute Chance, mit den Kunden in Kontakt zu treten, den Kontakt zu pflegen und die ein oder andere Vereinbarung zu treffen.

Die entscheidende Frage dabei ist immer, ob es gelingt, den Kunden für sich, für die Firma und die Produkte bzw. Dienstleistungen zu gewinnen. Dabei ist es nicht verwerflich, wenn Sie die oben angeführten Strukturierungen und Techniken nutzen. Entscheidend ist letztlich nur, dass es Ihnen gelingt, den Kunden durch den gesamten Prozess Ihres Vorhabens positiv zu führen und ihm das Gefühl zu geben, dass er ein wirklich gutes Telefonat geführt hat.

10.4   Die schriftliche Kommunikation

Wenn Sie einen Privatkunden das erste Mal, also sozusagen kalt anrufen möchten, muss ein Schreiben vorausgegangen sein, das Ihr Telefonat ankündigt. Ein solches Schreiben kann eine Chance sein, die Aufmerksamkeit der Kunden schon auf diesem Wege zu bekommen.

Gehen wir davon aus, dass mindestens ein Drittel der Briefe als Werbebriefe betrachtet und umgehend in den Papierkorb weitergeleitet wird. Fragen Sie sich selbst: Welche Briefe nehmen Sie zur Kenntnis? Was sind Signale, die Ihre Aufmerksamkeit, eventuell sogar schon Ihr Interesse hervorrufen? Vermutlich gehört der Infobrief an und für sich nicht in diese Kategorie. Das ist in aller Regel ein schmuckloses Teil, das dem Empfänger den Eindruck vermittelt, einer unter vielen zu sein. Und wer ist das schon gern? Natürlich gibt es Situationen, in denen diese Form des Versands Sinn macht.

Unter verkäuferischen Gesichtspunkten ist es aber selten ein empfehlenswertes Element.

Neben der fehlenden Briefmarke ist es dabei oft so, dass auch Ungenauigkeiten auf der formalen Seite auftreten. Häufig genug gibt es keinen exakten Ansprechpartner, statt dessen werden Abteilungen angeschrieben. Wer dann aussortiert bzw. entscheidet, ob der Brief weitergeleitet wird, ist dem Briefeschreiber meist gar nicht bekannt. Damit driftet der Versuch aber zum Roulette ab. Verkauf läuft anders.

Wenn ein Adressat benannt wird, kommt es nicht selten vor, dass der Name falsch geschrieben ist. Wenn ich in einem Schreiben mit Frau Schleimbach angesprochen werde, lese ich keinen einzigen Satz weiter. Die Frage ist doch, was dieser Schreiber von mir weiß, von mir will, von unserem Betrieb, wenn er noch nicht mal in der Lage ist, Namen korrekt zu formulieren.

→ Professionalität bei den Formalien
→ Individualität in der Ansprache
→ Kreativität in der Darstellung

sind drei Positionen, die ganz sicher den Erfolg einer schriftlichen Kommunikation beflügeln und im mindesten Fall gewährleisten, dass der Kunde positiv abgeholt wird.

Die Professionalität sichert, dass die Kunden nicht durch Lässlichkeiten wie falsche Namen abgestoßen oder irritiert werden. Hier geht es auch darum, die DIN-Normen der Anschreiben einzuhalten, sich möglichst auf eine Seite zu beschränken, ausreichend zu frankieren usw.

Die Individualität gewährleistet, dass der Empfänger klar erkennt: Dieses Schreiben geht deutlich an mich. Der Absender weiß was über mich. Er kennt meine Aufgaben im Unternehmen, er hat sich informiert und verspricht, ein interessanter Gesprächspartner zu werden.

Die Kreativität hilft aktiv, die Aufmerksamkeit des Empfängers zu sichern. Damit ist das Gegenteil vom Alltäglichen gemeint. Und gerade dabei ist sehr genau hinzuschauen. Beispiel: Irgendwann kam jemand auf die Idee, seine Bewerbungsunterlagen nicht in einem Briefkuvert, sondern in einem Pizzakarton zu versenden. Das ist Bingo! Jeder Personalchef wird aufmerksam, vielleicht reagieren nicht alle positiv auf solche ungewöhnliche Aktionen, da passen dann vermutlich Bewerber und Betrieb ohnehin nicht zueinander. Aber Unternehmen, die Kreativität und Mut positiv bewerten, sind mit Sicherheit dabei. So und nun stellen Sie sich vor, sie sitzen im Personalbüro und täglich kommen dreißig Pizzakartons an. Da schmilzt die Freude über die Originalität schnell dahin. Dann hat das Unternehmen ein Entsorgungsproblem. Wie wohltuend ist da eine ganz normale Bewerbungsmappe. Herdentrieb ist nicht kreativ.

Masse statt Klasse?

Hinter diesen Ansätzen stehen eine praktische und eine kulturelle Frage. Wenn Ihr Betrieb Massenaussendungen macht, lassen sich Anschreiben nur bedingt kreativ und individuell gestalten. Natürlich muss das Ganze professionell ablaufen, der Name etwa muss stimmen, aber häufig genug lässt sich noch nicht einmal gewährleisten, ob der Angesprochene noch auf seinem Posten ist.

Wer in die Breite streut, sollte keine Tiefe erwarten. Wenn die Geschäftspolitik vorsieht, dass jeder in den Verbund aufgenommen wird, in der Hoffnung, dass er „nichts kaputt macht", fährt eine grundsätzlich andere Strategie als der, der hohe Eintrittsbarrieren setzt, klare Vorstellungen vorgibt und erwartet, dass der neue Verbundpartner dieselbe Werteebene teilt. Solche Grundsatzentscheidungen werden selbstredend von der oberen Ebene der Geschäftsleitung vorgegeben. Sie wirken sich aber auf das gesamte Kommunikationsverhalten aus und geben die Freiheitsgrade für die Gestaltung der Anschreiben aus. Auch ein Massenanschreiben kann witzig und einfallsreich daherkommen – sofern es die Chance hat, dass der Empfänger es liest.

Im Folgenden konzentrieren wir uns daher auf grundsätzliche Positionen, die zwischen Individualität und sozialer Positionierung liegen.

Professionalität

Es gibt Menschen, die setzen sich vor den Computer, fangen an zu schreiben und am Ende kommt ein inhaltlich sinnvoller, wunderbar formulierter Brief heraus. Manchmal geht es Ihnen vielleicht auch so – da läuft es einfach gut.

→ *Praxis*tipp

Unser Tipp: Spüren Sie mal der Situation nach, wenn es gut gelaufen ist. Wie standen Sie zu dem Schreiben? Haben Sie schon länger darüber nachgedacht, bzw. immer mal wieder daran gedacht? Hatten Sie den Eindruck, Sie hätten was zu sagen? Wie waren Sie emotional eingestellt?

Meist kommt an der Stelle die Erkenntnis, dass doch eine mehr oder weniger intensive Beschäftigung mit dem Thema vorausging und dass explizit Freude oder Betroffenheit mit im Spiel waren.

Nun hat man diese sehr angenehme Situation nicht allzu häufig. Im verkäuferischen Alltag fehlt oft die Zeit und die Muße, um einer Idee längere Zeit nachzuhängen, um Antworten in wohlgeschliffene Formulierungen zu verpacken. Da ist es dann sehr hilfreich, wenn man sich an einer Struktur entlanghangelt, die vielfach erprobt ist und Ihnen eine Art Stützhilfe zum erfolgreichen Schreiben gibt.

Die Quintessenz liegt auch hier in der Vorbereitung. Und die einfachste Art und Weise zur Vorbereitung eines Schreibens ist die Ordnung Ihrer Gedanken.

→ Was will ich erreichen? Will ich den Kunden gewinnen, ihn wieder an uns erinnern? Ihm ein neues Produkt präsentieren, seinen Ärger über einen Fehlverlauf mildern? Machen Sie sich die Intention Ihres Schreiben deutlich, denn das muss für den Kunden erkennbar sei.

→ Wie will ich es erreichen? Welche Argumente habe ich parat, welche zusätzlichen Unterlagen brauche ich, um den Kunden zu überzeugen?

Denken Sie darüber nach, bevor Sie in die Tasten hauen. Denn wenn Sie diese Positionen zusammengetragen haben, verschwindet auch der „Horror vor dem weißen Bildschirm". Hier eine ganze Reihe von hilfreichen Tipps, wie Sie aus der schriftlichen Kommunikation einen pfiffigen Geschäftsbrief machen. Auch das schaut auf den ersten Blick wieder mal sehr formal aus, ist aber hilfreich, wenn man die Techniken erst mal beherrscht.

Textaufbau

Traditionell sind Briefe in drei Abschnitte gegliedert:
→ Einleitung: Einstieg/Anlass/Situation
→ Hauptteil: Information/Begründung/Aussage
→ Schluss: Empfehlung/Ziel

Die Erfinder dieser „Dreiteilung" haben sich natürlich etwas gedacht. In der Einleitung wird aufgezeigt, was wir wollen bzw. warum wir den Brief schreiben, im Hauptteil erklären wir, warum wir das wollen und was der Angesprochene davon hat. Zum Schluss bedanken wir uns und verabschieden uns auf freundliche Art und Weise. Mit der entsprechenden Vorbereitung ist es nicht mehr schwierig, die drei Schritte zu füllen. Die eigentliche Message steht prominent am Anfang, die Argumente folgen im nächsten Schritt.

Das ist der formale Gang der Dinge. Er sagt eigentlich nicht mehr aus, als dass die Nachricht in einem Brief auf eine bestimmte Art und Weise vermittelt werden soll. Dass wir mit dem Brief auch eine Absicht verfolgen könnten – und sei es nur, dass wir hoffen, der andere liest ihn nicht nur, er findet ihn auch gut – das ist damit nicht gesagt. Darüber haben sich andere Gedanken gemacht und haben dem Ergebnis ihres Nachdenkens den Namen AIDA gegeben.

Diese AIDA - Formel steht für folgende Begriffe:

A = Attention (Aufmerksamkeit)
I = Interest (Interesse)
D = Demand (Forderung)
A = Action (Aktion)

Man könnte sich vorstellen, dass diese Formel quasi wie eine Folie auf den dreigliedrigen Aufbau gelegt wird. In der Summe ergibt sich dann das Muster eines Briefes, der formal richtig ist und mit dem wir die Absicht verfolgen, dass die Inhalte auch gelesen werden. Das hat natürlich viel mit der Präsentation des Inhaltes zu tun (siehe unten). Aber nicht nur. Sie finden hier deshalb

Sieben Schritte zum pfiffigen Geschäftsbrief

Mentale Vorbereitung

Sie lehnen sich zurück, holen tief Luft, schauen aus dem Fenster und überlegen sich genau, welche Nachricht Sie übermitteln wollen. Sie führen sich vor Augen: Was war bzw. was ist der Anlass des Briefes, was hat der Kunde gemacht, was haben wir gemacht und was wollen wir jetzt erreichen? Dazu behalten Sie im Auge, dass ein Brief einen formalen Aufbau hat und dass Sie eine bestimmte Absicht damit verfolgen. Erst dann setzen Sie sich an den Computer und fangen an zu schreiben. Übrigens: Wenn sich aus welchen Gründen auch immer Wut im Bauch gestaut hat, sollte man vielleicht noch einmal vorher Luft holen ...

Einleitung formulieren (Aufmerksamkeit erwecken)

Der erste Abschnitt, oder auch die „Betreffzeile", können darüber bestimmen, ob der Leser weiterliest, ob er aufmerksam geworden ist auf das, was wir sagen möchten. Im ersten Absatz erfährt der Leser, warum er einen Brief erhält. Lassen Sie sich was einfallen! Wenn Sie selbst keine Idee haben, holen Sie die Kollegen dazu und machen Sie ein Brainstorm mit ihnen. (Siehe auch den Band Kreativitätstechniken im Cornelsen-Verlag)

Fragephase (Interesse gewinnen)

Wir haben dem Leser etwas zu sagen. Wir wollen, dass er uns zuhört und sich für unsere Argumente öffnet. Das funktioniert ganz ausgezeichnet, wenn man Fragen formuliert. Fragen haben darüber hinaus noch die positive Eigenschaft, dass sie den Brief lebendiger machen.

Argumentationsphase (Begründung, Kaufabsicht, Argumentation)

Wenn wir den Leser bewegen wollen, irgendetwas zu tun, dann muss er auch wissen, warum das so ist. Er sollte Gründe sehen und bekommen, die ihm aufzeigen, dass es ihm wirklich nützt, wenn er das so oder so macht. Sie argumentieren. Und wenn Sie argumentieren, dann tun Sie das immer aus der Sicht des Lesers.

Abschlussphase (Handlungsappell)

Wenn der Kunde weiß, was Sie von ihm wollen bzw. was Sie ihm anbieten und warum, ist der richtige Zeitpunkt gekommen, um dem Empfänger zu erläutern, was er tun kann / soll / muss. Sie formulieren eine konkrete und detaillierte Handlungsaufforderung.

Kognitiver Dissonanzabbau (Unstimmigkeiten abbauen, netter Ausklang, P.S.)

Zum Schluss wiederholen Sie die wichtigste Aussage des Briefes, bieten Hilfe bei eventuellen Fragen an und zeigen dem Leser noch einmal auf, dass er richtig entscheidet, wenn er sich auf das Angebot einlässt.

Nacharbeit

Und schon halten Sie den Brief in der Hand. Bevor er in den Postausgang geht, lesen Sie ihn noch einmal durch, überprüfen alle Daten und lassen das Rechtschreibprogramm darüber laufen. Und dann ab die Post.

Der Einsatz gestalterischer Elemente

Inhalte können durch gestalterische Mittel weiter aufgepeppt werden. Hier ein paar Tipps, wie man z.B. im Textteil wichtige Dinge hervorhebt – ohne die Grenze des guten Geschmacks und der allgemeinen Richtlinien zu verlassen.

Absätze:
Durch Absätze wird ein Brief übersichtlich und lesbarer. Jeden neuen Gedanken sollte man mit einem neuen Absatz beginnen. Absätze werden durch eine Leerzeile deutlich voneinander getrennt.

Hervorhebungen:
Es gibt eine ganze Reihe von Möglichkeiten, wichtige Textstellen, einzelne Worte oder ganze Satzteile deutlich zu machen.

Verschiedene Hervorhebungsarten können kombiniert werden:
→ Hervorheben kann man durch Einrücken. Die eingerückte Textstelle wird durch eine Leerzeile vom vorausgehenden und nachfolgenden Text abgesetzt. Die Einrückung beginnt bei Grad 20 und endet bei Grad 70.
→ Will man ein Wort s p e r r e n , sollte man das herausgehobene Wort oder die Textstelle mit 3 Leerschritten vom übrigen Text abgrenzen.
→ Durch den Wechsel der Schriftgröße, dem Fettschreiben und der Kursivschrift können wir auch bestimmte Textteile hervorheben.
→ Eine weitere Möglichkeit wäre das Unterstreichen von einer Textstelle, vom ersten bis zum letzten Anschlag. Satzzeichen werden mit unterstrichen. Die DIN 5008 sieht den Grundstrich für das Unterstreichen vor.

10.5 Verständlichkeit – Der Schlüssel zum Erfolg

Schriftsprache und gesprochene Sprache unterscheiden sich. Schriftsprache lässt in der Regel keinen Slang zu, keinen Dialekt, keine Verulkung, keine unartikulierten Laute usw. Das ist auch in Ordnung. Aber: Schreiben bedeutet nicht, sich in Formulierungen hineinzustürzen, die man hinterher selbst nicht mehr so genau versteht. Es heißt auch nicht, ein Füllwort an das andere zu setzen und dann auch noch mit möglichst viel Konjunktionen, wenn und aber, deshalb, einerseits, andererseits und ähnlichen Konstruktionen zu belasten. Sehr gerne wird die Substantivierung genommen, statt ein Verb zu nehmen, wird es in die Hauptwortform gesetzt.

Sobald manche Menschen eine Tastatur vor sich oder einen Stift in der Hand haben schreiben sie Dinge, die sie nie sagen würden. Amtsdeutsch ist dabei meist noch eine Verniedlichung, denn die teilweise gewagten Formulierungen bedingen, dass die Sätze für den Leser zu einer Zumutung werden, die man mindestens zweimal lesen muss, um den Inhalt zu verstehen. Das geht bis hin zur Unverständlichkeit der Sätze.
   In einigen Bereichen mag das korrekt, manchmal sogar beabsichtigt sein. Manche Anwälte formulieren die Schriftsätze so, dass sie der Klient nur nach einer gewissen, kostenpflichtigen, Übersetzung versteht. Was ja letztlich auch dem Verkauf dient, wenn auch nicht unbedingt auf einer fairen Ebene. Die Mediziner verschanzen sich hinter den Fachbegriffen, die meist ganz furchtbar klingen, auf jeden Fall für den Patienten böhmische Dörfer darstellen.

Sie sind Verkäufer und Sie wollen, dass Ihr Kunde Sie versteht, dass er Ihr Produkt versteht, dass er Ihr Angebot versteht. Und es ist nicht nur erlaubt, sondern – solange das im Einvernehmen mit dem eigenen Betrieb steht – auch erwünscht, dass Sie beim Schreiben auch eine gewisse Authentizität wahren. „Ihre Schreibe" hat mit Ihnen zu tun. Wenn Sie dem Kunden bekannt sind als jemand, der immer sehr direkt zum Punkt kommt und Sie schicken ihm dann ein Schreiben, durch das er sich mühsam quälen muss, wird er vermutlich eher verwirrt als kaufbereit sein.

Tipps und Tricks für den erfolgreichen Geschäftsbrief

→ Sehr lange Sätze vermeiden. Schachtelsätze in mehrere Sätze verwandeln.
→ Hauptwortketten auflösen. (Wenn drei Hauptwörter aufeinanderfolgen, wird die Informationsaufnahme für viele schon schwierig.)
→ Satzzeichen wie Doppelpunkt, Semikolon, Gedankenstriche, Klammern erleichtern das Verstehen der Gedankengänge.
→ Wichtige Informationen gehören in den Hauptsatz. Nebensätze möglichst vermeiden. Hauptsätze sind leichter lesbar.
→ Überdehnte Klammeraussagen vermeiden. („Wir müssen _____ bezweifeln" – bei „bezweifeln" wissen viele schon gar nicht mehr, wie die Aussage angefangen hat.)
→ Abwechslungsreich schreiben. Nicht nur kurze Sätze, das wirkt einschläfernd.
→ Anschaulich schreiben. Bei der Erläuterung schwieriger Sachverhalte können Bilder und Vergleiche hilfreich sein.

- → Kurze Wörter langen vorziehen (z.B. nicht Benachrichtigung sondern Nachricht)
- → Flickwörter wie gänzlich, durchaus, vielleicht sparsam verwenden. Als Adverb eingesetzt verschlechtern sie den Lesefluss.
- → Altes Kaufmannsdeutsch in zeitgemäßen Stil umformen (nicht: stattgefundene Besprechung sondern Gespräch)
- → Weitere Ideen und Anregungen nehmen Sie bitte hier auf:

_____

_____

_____

Wenn Sie diese Regeln beachtet haben, haben Sie auf jeden Fall die „handwerkliche" Seite richtig gemacht. Das heißt noch nicht, dass der Brief den Empfänger vom Hocker wirft, das werden wir im weiteren Verlauf in den Blick nehmen. Es heißt aber zumindest, dass Sie sich als Profi outen, der weiß, wie professionelles Schreiben grundsätzlich vonstatten geht.

Zwei Tipps zum Schluss:
- → Lesen Sie das Schreiben selbst noch einmal kritisch durch und fragen Sie sich: Stammt das wirklich von mir? Finde ich mich selbst wieder in diesem Sätzen? Und wenn Sie das bejahen, lesen Sie es Ihrem Partner / Ihrer Partnerin vor. Fragen Sie, ob er/sie das auch so sieht. Das ist für den Lernprozess auf dem Weg zum erfolgreichen Briefeschreiben eine sehr erhellende Vorgehensweise.
- → Sammeln Sie Briefe, in denen Formulierungen enthalten sind, die Ihnen gefallen. Markierungen Sie die entsprechenden Sätze und scheuen Sie sich nicht, sie in Ihrem nächsten Schreiben in etwas abgewandelter Form anzuwenden. Das ist moralisch einwandfrei – und es trägt dazu bei, dass Sie immer näher an Ihren eigenen Briefstil kommen. Sie haben dann sehr bald im den formalen Bereichen eine Reihe von Formulierungen parat, die Sie ohne großen Aufwand einfach einsetzen können.

10.6 Die individuelle, emotionale Ebene

Neben inhaltlichen und formalen Elementen können gefühlsmäßige Anreize die Aufmerksamkeit des Empfängers verstärken. Gefühlsmäßig erreichen Sie den Adressaten aber nur, wenn Sie damit an seine Befindlichkeiten herankommen. Und damit sind wir wieder beim Thema Zielgruppen-Ansprache:

Das können wir jetzt in zwei Gruppen unterscheiden: Einmal in die Typologie, zum zweiten in die Frage der Zielgruppenansprache.

Die Typologie

Sie werden den Mittelpunktmagnet nicht emotionalisieren, wenn Sie ihm mitteilen, dass die große Mehrheit der Deutschen gerne in den Bergen Urlaub macht. Das wäre eher eine Nachricht für – genau für den Sicherheitsstrebenden und evtl. für Everybody's Darling.

Den narzisstisch geprägten Mittelpunktmagnet würden Sie womit ansprechen? Nun im Fall des Reisebüros dann eher in Richtung: Das letzte (oder zumindest vorletzte) Abenteuer der Menschheit: Auf den Spuren der grünen Mamba – oder so ähnlich.

Ja richtig, hier sind wir wieder beim Thema Klasse oder Masse. Nur ganz wenige Unternehmen sind in der glücklichen Lage, eins zu eins schriftlich kommunizieren zu können.

> Ich hatte kürzlich die Einladung zu einer Veranstaltung in der Hand, die mich fast dazu gebracht hat, meinen Termin an diesem Abend abzusagen: Schon das Briefkuvert beeindruckte: Dickes Büttenpapier mit Seideninlay. Meine Adresse – handgeschrieben mit schwarzer Tinte. Sonderbriefmarke obendrauf. Drinnen ein DIN A5 Faltblatt, in dem ein Seidenpapier lag mit meiner persönlichen Einladung. Mein Name nochmal handschriftlich gleich zu Anfang. Ganz abgesehen davon, dass der Referent des Abends dann auch noch eine Show war: Können Sie sich vorstellen, dass es schwierig ist, einer solchen Einladung zu widerstehen? Nun ja, zugegebenermaßen ist das eine rhetorische Frage ... (siehe oben) Denn die Antwort verläuft vermutlich quer durch alle Typen, denn da werden Eitelkeiten angesprochen, die sogar in einem nach Sicherheit strebenden Menschen wirken.

Das ist eine wesentliche Erkenntnis, dass es bestimmte Mechanismen und Inhalte gibt, die jenseits der Typologien greifen und die für Anschreiben von besonderer Bedeutung sind. Eitelkeit gehört dazu. Mit der Eitelkeit der Menschen zu „spielen" ist nicht verwerflich – solange die Absicht, die Sie verfolgen, im Kontext des nutzenorientierten Win-win-Verkaufs bleibt. Fallen Ihnen weitere emotionalisierte Punkte ein, mit denen Sie Menschen mehrheitlich berühren? Bitte denken Sie darüber nach.

Was ist Ihnen eingefallen? Gesundheit, Glück, Zufriedenheit, Anerkennung, Erfolg, Wohlstand, Schönheit, Partnerschaft, Familie. Das sind in der Tat Signalwörter, mit denen Sie eine breite Zielgruppe treffen und emotional berühren können.

Es muss also nicht immer die komplett individualisierte Ansprache mit Büttenpapier sein, die Sie anwenden, um Ihre Zielgruppe für sich zu gewinnen. Das nur mal vorweg, bevor Sie den Einwand vorbringen, dass Sie bzw. Ihr Unternehmen selbstverständlich nicht in der Lage ist, solche Büttenpapier-Schreiben zu verschicken. Das sind die wenigstens aber bevor Sie anfangen zu schreiben, sollten Sie schon abklären, welche

Zielgruppe Sie ansprechen und wo Sie und Ihr Unternehmen auf dem breiten Spektrum zwischen Infobrief und Wasserzeichen-Papier liegen.

Infobrief	Nennung einer Ansprache-Abteilung	Angabe eines direkten Ansprechpartners	Wasserzeichen-Papier

Je besser Sie die Zielgruppe kennen, je mehr Sie darüber wissen, wo sie sich aufhält, welchen Hobbys sie nachgeht, welche Interessen sie hat, welche Themen auf der Agenda stehen, umso näher kommen Sie kommunikativ auf die Beziehungsebene und haben die Möglichkeit, den Adressaten emotional zu berühren.

Zielgruppeneinteilung

Zielgruppen wurden sehr lange Zeit nach demografischen Faktoren beurteilt. Das sind Kategorien wie Alter, Geschlecht, Herkunft, Religionszugehörigkeit, Familienstand, Schulbildung, Einkommen usw. Die Marktforschung hat dann sehr konsequent festgestellt, dass auch bei einer Clusterung, also wenn man z.B. „die" 35-jährige Mutter, halbtags berufstätig, Fachhochschule nicht so wirklich erfassen kann, weil die Unterschiede teilweise gravierend sind.

Diese Erkenntnis greifen die Sinus-Milieus auf. Sie nehmen die Lebenswelt und den Lebensstil der Menschen ebenso in den Blick wie grundlegende Wertorientierungen und Einstellungsmuster bezogen auf Familie, Arbeit, Konsum. Sie ordnen die Menschen quasi nach Gleichgesinnten ein, die sich in ihrer Lebensweise und in ihrer Auffassung grundlegender Positionen ähneln. Sie sprechen meist auch eine ähnliche Sprache und sind als Kohorte damit für den Verkäufer relativ einfach anzusprechen.

Die Milieus werden in einer Matrix dargestellt, die einmal zwischen Unter,- Mittel und Oberschicht unterscheidet. Und zum anderen grundlegende Einstellungsmerkmal, wie Traditionsorientierung, einem Festhalten am Bewährten, mit einem Hang zur Modernisierung oder im anderen Extrem dann die Neuorientierung setzen, die mit Experimentierfreude einhergeht.

In dieser Matrix findet sich dann z.B. das Milieu „Bürgerliche Mitte". Hier findet sich der leistungsorientierte und anpassungsbereite Mittelbauch der Gesellschaft. Der „moderne Performer" steht für die junge Leistungselite, die gerne und bewusst Optionen offen hält, mehrgleisig fährt und experimentierfreudig ist. Die Traditionsbewussten suchen Sicherheit, schätzen Ordnung und Regeln und vertrauen auf das Vertraute.

Vielleicht ist Ihnen an dieser Stelle durch den Kopf gegangen, dass das selbstredend weitgehend auch mit der Typologie eines Werner Correll in Einklang zu bringen ist. Es ist sicher spannend, das mal im Detail und für jedes einzelne Milieu durchzugehen. Schauen Sie mal rein unter: http://www.sinus-institut.de/loesungen/sinus-milieus.html und ordnen Sie den Mileus dann die entsprechenden Typen zu. Das hilft Ihnen sicher auch im direkten Verkauf. Hier geht es aber eher um die schriftliche Kommunikation, und da ist die Einteilung nach den Milieus deutlich besser geeignet, um eine breite Zielgruppenansprache zu schaffen.

→ *Praxis*tipp

Bitte beachten Sie, dass sich mit den jeweiligen Milieus die Sprache wandelt, dass die Erwartungen anders sind und die Lösungswege sich unterscheiden werden. Aber Sie haben mit diesen Milieus ein gutes Instrument in der Hand, um die Sprache der Menschen zu treffen, für die Sie Ihr Produkt anbieten wollen.

Denn auch das ist klar: Der schriftliche Weg der Akquisition ändert nichts an unserem Anspruch, faire und nutzbringende Angebote zu machen. Im Gegenteil, solche Strukturierungen tragen dazu bei, dass dieses Vorhaben auch wirklich gelingen kann.

Die kreative Seite

Denken wir noch mal kurz an die Pizzakartons (S. 130) im Zusammenhang mit Kreativität. Der Karton war eine tolle Idee, weil er
- → originell und
- → neu war.

Beides, sowohl Orginalität als auch Neuheit, brauchen sich sehr schnell auf. Haben die Kunden einmal ein Produkt wahrgenommen, kann der Nachmacher nicht mehr behaupten, kreativ zu sein. Er ist nur ein so genannter „Me-too". Letzteres ist legitim, wird oft angewandt, ist aber nicht kreativ.

KREATIVITÄT IST EIN SCHÖPFERISCHES VERMÖGEN, DAS SICH IM MENSCHLICHEN DENKEN ODER HANDELN REALISIERT, DURCH NEUARTIGKEIT/ORIGINALITÄT GEKENNZEICHNET IST, EINEN SINNVOLLEN BEZUG ZUR LÖSUNG TECHNISCHER, MENSCHLICHER, SOZIALPOLITISCHER PROBLEME UND LEBENSAUFGABEN AUFWEIST UND DAMIT NUTZEN FÜR DEN KUNDEN BZW. VERBRAUCHER STIFTET.

Diese Nutzenorientierung ist wichtig, weil sie die Kreativität von der Fantasie unterscheidet. Und weil sie damit den Boden für positive Verkaufsargumente legt.

Was das mit einem Anschreiben zu tun hat? Nehmen wir den naheliegenden Ansatz: Wir wollen die Aufmerksamkeit des Kunden. Aufmerksamkeit bringt alles, was neu, originell, ungewöhnlich ist. Was den Kunden auf neue Fährten führt, was ihn belustigt, irritiert, was ihn selbst auf neue Ideen bringt. Damit sind wir zugegebenermaßen sehr eng bei der Werbung, die ja auf solche Kriterien Wert legt und auch Wert legen muss.

Wo können Sie bei einem Schreiben ansetzen? Zwei Beispiele für die Formulierung einer Betreffzeile:

→ „Heute schon genickt?" – Hier könnte Sie ein Krankengymnast anschreiben und Ihnen vermitteln wollen, dass er mit Ihnen ein besonderes Bewegungsprogramm durchführen will.

→ „Was passiert gerade in Ihrem Gartenhäuschen?" – Hier schreibt möglicherweise ein Sicherheitsschlosshersteller, der Sie darauf aufmerksam machen möchte, dass Sie Ihr Gartenhaus mit einem Spezialschloss sichern sollten.

Nun sind diese Beispiele sicher nicht der Weisheit letzter Schluss, aber letztlich kommt es darauf an, dass Sie bei der Zielgruppe sind, ihre Sprache sprechen und Ihre Message an die Damen und Herren bekommen.

Vielleicht haben Sie jetzt insgeheim gedacht, dass das natürlich wieder mal wunderbar funktioniert, dass ich bestimmt jetzt mal wieder so eines der gängigen Beispiele genommen habe und dass es dann nicht klappt, wenn es ums Eingemachte geht und man selbst schreiben muss. – Nun ja, Kreativität lässt sich nicht einfach verordnen, Sie setzt gewisse Fähigkeiten voraus, die sich aber in wesentlichen Teilen antrainieren lassen. Das Verständnis dafür wächst, wenn wir wissen, was in unseren Gehirnen abläuft, deshalb hier ein kurzer Einblick in die gehirnphysiologischen Abläufe – allerdings ohne Anspruch auf Vollständigkeit. Intention ist lediglich, ein gewisses Gefühl für natürliche Prozesse zu vermitteln. Es gibt Computer, die es vermeintlich oder auch tatsächlich überholen können, weil sie in der Lage sind, mathematische Gleichungen in einer Art und Weise bereit zu halten, wie es die Mehrheit der Menschen einfach überfordern würde. Sie können Zahlenreihen erinnern, nahezu endlos Daten speichern und sie haben eine sehr sympathische Suchfunktion, die es erlaubt, dass wir auch Dateien wiederfinden, die wir möglicherweise an den falschen Stellen abgelegt haben.

Im Gehirn ist das nicht ganz so einfach. Ist es Ihnen auch schon so gegangen, dass Sie überzeugt sind, jemand zu kennen, ihn aber nicht zuordnen zu können, dass Sie sicher sind, den Namen dieser Dame schon gehört zu haben, aber nicht zuordnen können, dass Sie die Dame kennen, aber den Namen nicht?

Das kommt vor und es liegt daran, dass das Gehirn nicht nur genial, sondern in erster Linie faul ist. Es speichert Informationen irgendwo ab. Die gehen dann zwar nicht mehr verloren, aber man findet sie eben nicht mehr. Oder zumindest dann nicht, wenn man sie gerade braucht. Informationen im Gehirn sind in so genannten Schemata abgespeichert.

> Wenn Sie den Begriff Pizza hören, ordnet Ihr Gehirn die Sache einem ganz spezifischen Raster zu: Pizza kann italienisches Restaurant bedeuten oder Funghi oder Holzofen oder Urlaub oder Scheidung oder Kindergeburtstag. Ihre Assoziation hängt an Ihren Erfahrungen und genau die hat Ihr Gehirn abgespeichert.

Das heißt natürlich, dass es gar nicht so einfach ist, treffgenau Assoziationen herbeizuzaubern, aber Sie können in Ihrem Anschreiben eine Reihe von Pluspunkten sammeln, wenn Sie das Drumherum erkennen und umsetzen.

Kreativität dagegen meint, dass genau diese bekannten Erfahrungen neu definiert, umgruppiert werden. Das ist gar nicht so schwierig, Sie können dazu eine Reihe von Techniken einsetzen. Das Brainstorming beispielsweise ist ein gutes Mittel, um an neue Gedanken zu kommen. Oder auch die Kopfstandmethode eignet sich dafür.

Welche Methoden auch immer Sie einsetzen: es geht darum, dass Sie die Menschen für sich gewinnen, dass Sie ihre Aufmerksamkeit und dann ihr Interesse auf Ihre Seite bekommen.

Manche Chronisten machen das, indem sie einen ungewöhnlichen Betreff schreiben, indem sie Gimmicks in den Brief legen und den Betreff entsprechend eintakten. Einen Teebeutel zum Beispiel mit dem Betreff: Gönnen Sie sich eine Teepause. Oder ein Anschreiben mit einem Bleistift und dem Vermerk: Haben Sie Ihre Kosten im Griff?

Nun, es gibt in der Tat, eine ganze Vielzahl von Möglichkeiten, sich hier zu profilieren.

Fazit

Sie haben gesehen, dass Sie im Zusammenspiel von Professionalität, Individualität und Kreativität punkten können.

WICHTIG IST, WIE IMMER, DASS SIE IHRE ZIELGRUPPE IM BLICK HABEN, DASS SIE IHRE EIGENE MESSAGE KENNEN UND SICH VOR ALLEN DINGEN WOHLFÜHLEN MIT DEM, WAS SIE SCHREIBEN.

Schlusswort

Sie haben jetzt vieles gelesen und hoffentlich auch vieles erarbeitet. Vielleicht ist Ihnen nicht immer alles auf den ersten Blick plausibel erschienen. An der einen oder anderen Stelle haben Sie vielleicht gedacht: Weiß ich ja schon, mach ich doch auch so. Schön, dann war die Lektüre dieses Readers gerade wichtig.

DENN DEN ENTSCHEIDENDEN SPRUNG ZUM ECHTEN PROFI SCHAFFEN SIE, WENN SIE SICH DEN ABLAUF EINES ERFOLGREICHEN VERKAUFSGESPRÄCHS MITSAMT DEM NETTEN „DRUMHERUM" BEWUSST MACHEN.

Dann nämlich können Sie das, was Sie ganz oder teilweise intuitiv machen, bewusst steuern und für Ihren Verkaufserfolg anwenden.

Denken Sie ans Autofahren: Mit Fahrpraxis ist es für Sie kein Problem, gleichzeitig den Scheibenwischer zu betätigen, das Licht anzumachen, geradeaus zu fahren und vom zweiten in den dritten Gang zu schalten. Erinnern Sie sich aber noch an Ihre ersten Fahrstunden? Ein aufregendes Unterfangen. Jeder einzelne Griff war genau zu bedenken, die Koordination lief schleppend und es hat eine Weile gedauert, bis der Ablauf reibungslos funktionierte. Mal ist der Motor abgestorben, mal hat die Kupplung geschleift, der Blinker meldete sich konsequent nach links, obwohl wir längst wieder auf der rechten Spur waren ... Die Koordination ist schwierig. Und zwar so lange, bis Sie es können. Dann fahren Sie Auto, Sie schwimmen, Sie lesen, Sie schreiben, Sie halten Reden, Sie verkaufen ... Problemlos.

Im Verkauf tätig zu sein, ohne sich mit den notwendigen Techniken beschäftigt zu haben – das funktioniert vielleicht im Billigmarkt, wo ohnehin alle Kunden sehnsüchtig nach einem Ansprechpartner suchen. In unserem Sprachgebrauch sind Sie dann allerdings kein Verkäufer, sondern ein Verteiler von Waren. Mehr oder weniger zur Freude des Kunden.

Echte Verkäufer haben damit nichts zu tun. Vielleicht weil sie sonst so viel zu tun haben. Die Palette des Verkaufs ist groß und die Fassetten der Verkäuferrolle sind immens vielfältig. Die Highlights Ihrer Aufgaben lassen sich im Mindesten mit diesen Positionen umschreiben:

- → Berater
- → Problemlöser
- → Trendscout
- → Beziehungsfachmann
- → Psychologe
- → Nutzenvermittler
- → Dienstleister

→ Lifestyle-Guide

→ ...

All das verbirgt sich hinter dem Begriff des Verkäufers. All das sind sehr ernsthafte und seriöse Fassetten, die dem Kunden bzw. dem Verbraucher nutzen. Stellen Sie sich Ihr individuelles Profil zusammen, prüfen Sie, welche Positionen Sie abdecken wollen oder können. Entscheiden Sie je nach Ihren Talenten und Interessen.

Angesichts all dieser Anforderungen ist das Nein eines Kunden doch ein sehr komplexes Unterfangen. Wo genau hat es gehapert? Lagen die Schwierigkeiten auf der Beziehungsebene? Auf der Sachebene? Bei der Gesprächstechnik? Sollten die Methoden verfeinert werden?

→ *Praxis*tipp

Prüfen Sie nach jedem einzelnen Verkaufsgespräch, was gut und was weniger gut gelaufen ist, entweder allein oder im Kreise Ihnen wohlgesonnener Kollegen, die eine konstruktive Kritik mit Ihnen pflegen.

Im Endeffekt sollte Ihr Ziel sein, dass Sie Verkaufsgespräche führen und Abschlüsse haben, die Ihnen ein gutes Gefühl geben. Das Gefühl, einen Kunden zufrieden gestellt zu haben, und das Gefühl, dass Sie sich auch selbst ein Stück weiter gebracht haben. Das ist ein wesentlicher Schritt, um Ihr Bewusstsein als Verkäufer positiv einzutakten. Und wie wir schon zu Anfang gesagt haben: Das tut not. Auch und gerade in Deutschland und in der heutigen Zeit.

Der Verkäufer stellt den relevanten Schnittpunkt zwischen Kunden und Unternehmen dar. Und es wird nicht allzu lange dauern, wenn auch noch viel Überzeugungsarbeit kosten, bis die Mitarbeiter erkennen, dass diese Schnittstelle überall ist. In der Buchhaltung genauso wie in der Werkstatt und im Ladengeschäft selbst.

LETZTLICH GEHT ES DARUM, SICH ALS VERMITTLER ZU SEHEN, DER DIE BEDÜRFNISSE DES KUNDEN MAXIMAL BEFRIEDIGT UND DABEI DEM UNTERNEHMEN EINEN GEWINN VERSPRICHT.

Das ist eine klassische Win-win-Situation. Wünschen wir uns die nicht alle? Das sagt zunächst noch nichts über die Beweggründe aus. Es gibt moralisch hochwertige Beweggründe – wie etwa die ehrenamtliche Begleitung kranker Menschen. Es gibt aber auch niedrige Beweggründe wie Rache, Habgier, Missgunst.

Ein Verkäufer wird es vermutlich schaffen, seine Ziele zu erreichen – egal ob sie moralisch einwandfrei oder eher fragwürdig sind. Verkauf ist daher nur ein Mittel zum Zweck und – wir schließen den Kreis zur Einleitung – schon allein deshalb zu Unrecht verurteilt.

Letztlich sind es die Motive, die den guten Verkäufer ausmachen, die die Spreu vom Weizen trennen – nicht die Mittel, um sie umzusetzen. Wer nur darauf aus ist, auf Kosten aller anderen seinen eigenen Nutzen zu maximieren, ist kein guter Verkäufer. Ein guter Verkäufer stellt den Kunden in den Mittelpunkt. Dahin, wohin er gehört. Das sollten wir uns schon allein deshalb wünschen, weil wir alle gleichermaßen Verkäufer und Kunden sind. Und es wäre schön, wenn es nun gelungen ist, Ihnen zu zeigen, dass Verkauf Spaß machen kann. Was Spaß macht, ist erfolgsverdächtig. Diesen Erfolg wünsche ich Ihnen.

Die Autorin

Dr. Claudia Schlembach ist seit vielen Jahren als Beraterin und Trainerin tätig. Sie coacht sowohl Unternehmerinnen und Unternehmer als auch Mitarbeiterinnen und Mitarbeiter in unterschiedlichen Branchen. Zurzeit konzentriert sie sich auf die politische Bildung und ist als Beirätin tätig. Sie lebt und arbeitet in München.

Literaturhinweise

→ **Correll, Werner:** Menschen durchschauen und richtig behandeln. Psychologie für Beruf und Familie. 19. Auflage. Heidelberg 2007.

→ **Cutlip, Scott M. / Center, Allen H. / Broom, Glen M.:** Effective Public Relations. 8. Auflage. UpperSaddle River 2000.

→ **Goldmann, Heinz M.:** Wie man Kunden gewinnt. 15. Auflage. Berlin 2008.

→ **Haeske, Udo:** Kommunikation mit Kunden. 3. Auflage, Mannheim 2010.

→ **Stoffel, Wolfgang:** 99 Tipps für den erfolgreichen Verkauf. 2. Auflage, Berlin 2008.

Stichwortverzeichnis

Abschluss   84 ff.
Abschlussphase   53, 84
Alternativfragen   44, 85
Alternativverkauf   107 ff.
Argumentationsphase
   53, 69 ff., 95 f.
Atmosphäre   50
Aufmerksamkeit   26 f.,
   33, 57 ff, 63 f., 67, 105
Aufteilungsmethode   91
Äußeres Erscheinungs-
   bild   22 ff.
Authentizität   19, 20, 79

Beratung   53, 75 ff.
Bestätigung   92
Beziehung zum
   Kunden   8
Beziehungsebene   12 ff.,
   19, 36, 47 f., 69, 81, 98 f.,
   104, 127
Beziehungsfragen   71

Durchatmen   55 f.

Einwand   98 ff.
Erlebniswelten   81 ff.
Erster Eindruck   62

Fachfragen   71
Fachwissen   12 f., 14 ff.,
   19, 25, 27, 51, 70 ff.
Frageformen   43 ff.
Fragephase   53, 75 ff., 133
Frustrationstoleranz   26

Gegenfragen   45
Geschlossene
   Fragen   44, 72, 122

Gesprächseinstieg   63 ff.
   ~führung   41, 43 ff.,
   69 ff.
   ~leitfaden   121 ff.
Glaubwürdigkeit   19, 24,
   27 f., 78 ff., 83 ff., 89
Grundmotivation   33

Ich-Form   49
Identifikation   24 ff.
Innere Einstellung   18
Irritationen   48 ff.

Kaufentscheidung   12, 16
Kaufreue   91 ff.
Klare Formulierun-
   gen   51 f.
Kognitiver Dissonanzab-
   bau   54, 91 ff., 133
Kommunikation   11 ff.
Kontaktphase   53, 62 ff.,
   76, 95
Kontrollfragen   45, 86
Kritische Situationen   48
   ff.
Kundenansprache   65 ff.
~bedürfnisse   8, 48
~bindung   103
~daten   93
~typen   32 ff., 66, 73, 107

Lasso-Fragen   74

Mentale Vorbereitung   53,
   55 ff., 94

Nachbereitung   84 ff., 93
   ff.
Negative Entwicklungen
   49 ff.
Nutzwertfragen   45 f.

Offene Fragen   44, 74 f.,

Paarweiser Vergleich   80 f.
Persönliche Kompetenz
   13, 16 ff., 18, 27
Polaritätenprofil   59 f.
Preis   78, 87 f., 90, 110
Preisverhandlung   87 ff.
Produktpalette   73, 91
   ~schulung   14
   ~wissen   14 f.

Reduktion   80 ff.
Reklamations-bearbei-
   tung   101 ff.
Rhetorische Fragen   44 f.

Sachebene   12 f., 47 ff., 81,
   104, 127
Sachzwänge   47
Selbstreflexion   93 ff.
Sender-Empfänger-Mo-
   dell   11 f.
Service   109 f., 127
Sonderangebote   110
Suggestivfragen   44

Überforderung   77 ff.
Überschaubarkeit   80 ff.
Unwörter   46

Verhandlungsspielraum
   88 ff.
Verkäufer-Outfit   23 ff.
Verkaufsargumente
   76 f.
   ~methoden   9, 41 ff.
   ~praxis   9, 98 ff.
Vertrauen   11 ff., 18 f., 25
   f., 79 f.

Vertrauensbildende
Maßnahmen   20
Vorabinformatio-
nen   58 ff.
Vorwand   100 f.

W-Fragen   44, 65, 69
Win-nin-Situation   36

Zahlungsweise   87 f.
Zauberformulierungen
46 ff.
Zauberwörter   27, 34 f.,
46, 51, 81, 109
Zuhören   63 f.
Zusatzverkauf   110 f.
Zuverlässigkeit   79

Neuer Blickwinkel?

Sie wünschen sich, leichter gute Ideen zu finden und Probleme besser zu lösen? Dieses Audiotraining spricht ausdrücklich Benutzer an, die sich nicht als besonders kreativ einschätzen. Es stellt die bekanntesten Kreativitätstechniken konkret vor, erklärt deren Prinzip und benennt ihre Anwendungsmöglichkeiten.

Marco Mencke
Kreativitätstechniken
64 Seiten + Audio-CD, Laufzeit 70 min
ISBN 978-3-589-24009-8

Goldene Brücken bauen

Dieser Trainingsband führt in die Techniken des Verhandelns ein. Er berücksichtigt bekannte Strategien (beispielsweise Havard), ist aber nicht auf einen einzelnen Ansatz fokussiert. Der Schwerpunkt liegt auf der Anwendung der Basistechniken, die so selbstverständlich erscheinen und doch oft so schwer umzusetzen sind.

Claudia Schlembach
Verhandlungstechniken
144 Seiten, kartoniert
ISBN 978-**3-589-23991-7**

Weitere Informationen zum Programm erhalten Sie im Buchhandel oder im Internet unter **www.cornelsen.de/berufskompetenz**

Cornelsen Verlag • 14328 Berlin
www.cornelsen.de